基本が身につく

みんなの韓国語

初級

キム・スノク
スン・ヒョンジュ
著

イラスト：ツダタバサ

音声ナレーション：イ・ミンジョン（李玟庭）、シン・ウィス（申義秀）

音声編集：株式会社中録新社

本文・装丁デザイン：株式会社アイ・ビーンズ

まえがき

ひと頃まで韓国語を始めたばかりの方に学習の目的をたずねると、多くの方が「ドラマを字幕なしに楽しめるようになりたい」「ファンミーティングで憧れの俳優に話しかけたい」とお答えになりました。その後、皆さんの関心領域がK-Pop、ミュージカル、映画、文学、美術、歴史と広がるにつれ、学習の目的も、翻訳をしたい、韓国語で詩を書きたい、故宮や美術館巡りをしたいなど多岐に広がっています。こうした皆さんの立場に立ち、全力で応援したいという動機からこの本を執筆することにしました。分かりやすく楽しく学べることはもちろんとして、初級の段階から多様で良質な韓国語に触れていただけるよう、例文を厳選し、練習問題を作成しました。本書が韓国語の世界を開く最初の一歩としてお役に立てばこれ以上の幸せはありません。

本書の特長

- 文字と発音の学習は第一歩であると同時に最初の関門です。スムーズに通過できるよう、ポイントを整理しイラストによって記憶の定着をはかる工夫がしてあります。
- 本編からは、日本人留学生のレイナと韓国人男性のユンギが出会い、たがいに好意をいだくまでのちょっと気になるストーリーが展開します。
- 文字の発音はできても、フレーズになると発音変化がおきて発音に困る場合があります。これを防ぐため発音が変化する場合はスキットにハングルによる発音表記を付けました。
- スキットには文化や社会背景に踏み込んだ解説を付けてあります。状況と背景を頭に思い浮かべながら学ぶことで、適切な言葉選びの力を身につけてください。
- ポイントレッスンは実践につながる文法の練習問題です。「文法はわかるけど話せない」と嘆くことはもうありません。すぐに会話で使ってみたくなるフレーズを選んでいます。
- 各章の最後に「読む・書く・聞く・話す」がバランスよく学習できるよう「やってみよう」「聞いて答えてみよう」「書いてみよう」といったコーナーを設けました。

この本の発行にいたるまでご協力いただいたすべての方々に感謝申し上げます。감사합니다.

キム・スノク（金順玉）、スン・ヒョンジュ（承賢珠）

目次

本書の使い方

▶ 音声

本書には学習に必要な音声が用意されています。音声は以下のサイトから無料でダウンロードできますので、ぜひ活用してください。

https://www.hakusuisha.co.jp/news/minnanokankokugo/

▶ 文字と発音

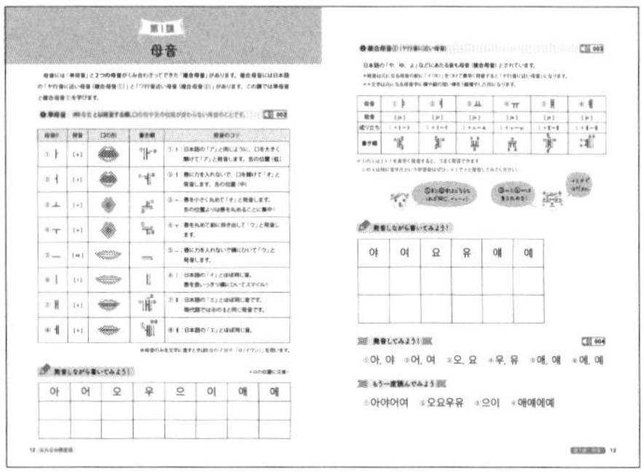

第1課から第4課までは「文字と発音」です。ハングルの習得は、学習を進めて行く上で重要であると共に最初の関門でもあります。音声を聞きながら、なんども繰り返し発音したり、ノートに声を出しながらハングルを書いてみましょう。文字と音が結びついてわかるようになれば、大きな前進です！

▶ 会話スキット

5課以降の「会話スキット」には、ゆっくりめの音声と自然に近いスピードの音声が収録されています。ステップ1「ゆっくりの目の音声を［発音変化］に気を付けながら読んでみましょう」ステップ2「ノーマルスピードの音声を聞いてシャドーイング（音声を聞いてすぐに復唱する）などの音読作業を繰り返しましょう。自然な発音が身についていきます。

自然な速さの音声。

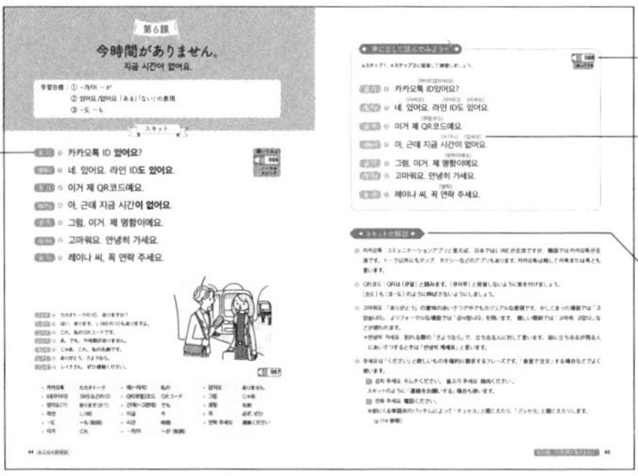

ゆっくりめのスピードの音声。

発音変化のある箇所には発音どおりのハングルを表記しています。

スキットに関して、ことばに関することだけではなく、文化や社会的背景などについても踏み込んで解説しています。

▶ 案内役キャラクターの紹介

トラとクマのキャラクターが案内役をつとめます。
大切なことをつぶやいていますので、必ずチェックしてください。

▶単語とポイントと練習

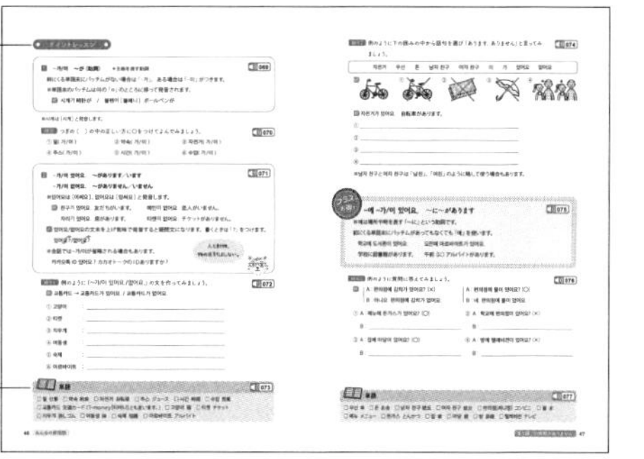

コンパクトな解説による
ポイントレッスンと様々な形式の練習問題。

各ページに出てくる新出単語を示しています。はじめに単語の音声を聞いて練習しておくとスムーズに進めることができます。なお、この本で出てくる単語は巻末の単語集にまとめてあります。

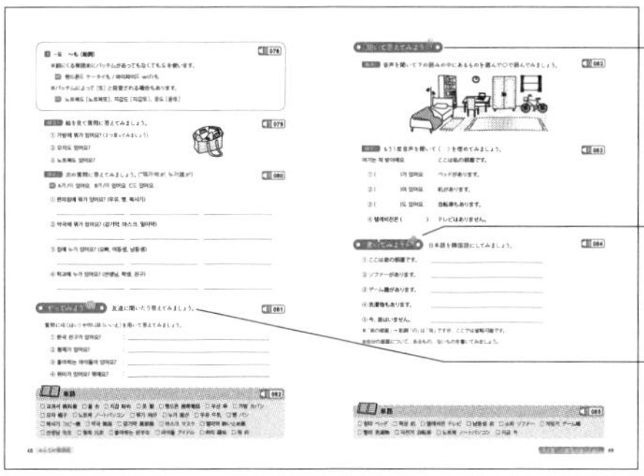

「読む・書く・聞く・話す」がバランスよく学習できるよう
「聞いて答えてみよう」
「書いてみよう」
「やってみよう」といったコーナーを設けました。

練習問題などの解答例は116ページに掲載してあります。

▶まとめ

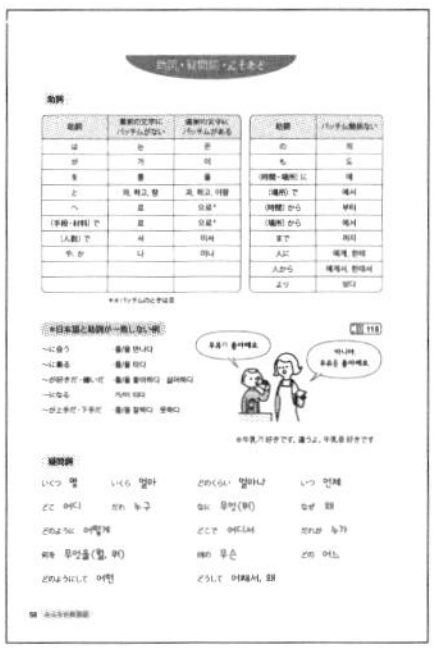

ハングルの日本語表記、あいさつ、助詞・疑問詞・こそあど、数詞、変則活用、発音ルールなど随所にまとめておくと便利なページを設けました。学習が進んでも、必要な時にはいつでも参照していただける便利なページです。

▶まとめの練習問題

第7課、第10課、第12課、第14課の後に「まとめの練習問題」を用意しています。わからない箇所が出てきた場合は、前の該当のページに戻ってもう一度確認しましょう。

▶発音変化のルール

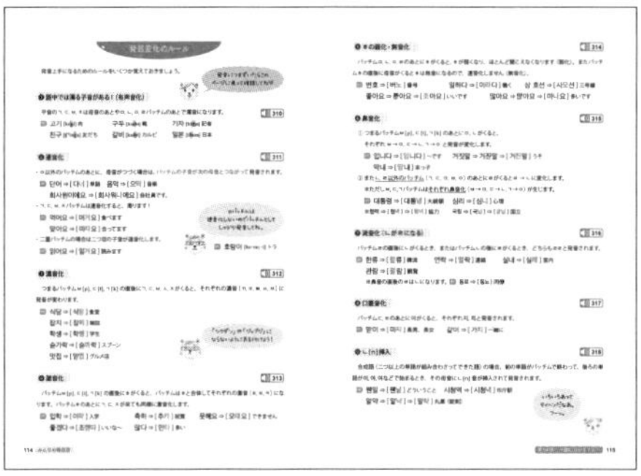

「発音変化のルール」は本文の最後に置きました。様々な発音変化ルールの理解や応用は、いちどに身につけるのはいささか困難です。本書では、会話スキットの見開きページに発音どおりの表記を示しています。まずは、これをたよりに音読の練習を重ねてください。そして学習が進んだ段階で、気になる箇所がありましたら、そのつどこのページで確認してください。

はじめに

韓国語ってどんな言葉？

韓国語は日本語が母語の人にとって、学びやすい言語と言われています。それは韓国語と日本語には大きくまとめて３つの共通点があるからです。

❶ 語順がほぼ同じ！

저는《チョヌン》 매일《メイル》 드라마를《ドゥラマルㇽ》 봅니다《ボㇺニダ》.

私は 毎日 ドラマを 見ます 。

❷ 助詞がある！

「は」「を」のような助詞をつけるところも、日本語との共通点です。

저는《チョヌン》○매일《メイル》○드라마를《ドゥラマルㇽ》○봅니다《ボㇺニダ》.

私は　毎日　ドラマを　見ます。

日本語と違うところは文を書くとき、単語ごとに分かち書きをするところです。しかし名詞と助詞は間を空けずにつけて書きます。

저	는		매	일		드	라	마	를		봅	니	다	.

❸ 漢字語（漢字から由来した単語）が多い！

韓国語には固有語、漢字語、外来語などがあります。この中で漢字語の比率は約70％！日本語の単語と発音が似ているものも多いので、聞いたら不思議と分かってしまうものもあります。

가구《カグ》
家具

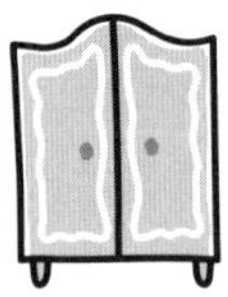

기분《キブン》
気分

여유《ヨユ》
余裕

무리《ムリ》
無理

ハングルは創られた文字？

ハングルは1443年に朝鮮時代第4代王にあたる世《セ》宗《ジョン》大王と当時の王様のシンクタンクである集賢殿の学者らによって創られた文字のことです。

ハングルは子音字と母音字の組み合わせで、一つの文字になります。母音字は横棒や縦棒、点のような形（—、ㅣ、・）を、子音字は丸や三角、四角のような形（ㅇ、ㅅ、ㅁ）をしています。母音字や子音字の成り立ちを見てみましょう。

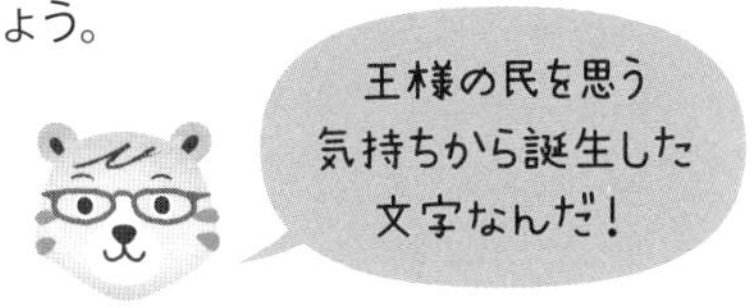

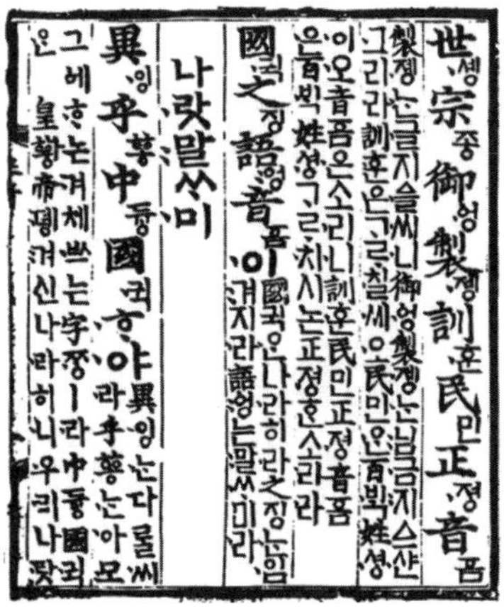

❶ 母音字の成り立ち

母音字は（天（・）地（—）人（ㅣ））を基本にして創られました。

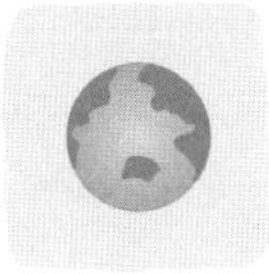
天（・）

地（—）

人（ㅣ）

人の右側に天（・）が来た様子を当時はㅣ・のように書いて現在では「ㅏ」という母音字になりました。地の上に天（・）が来た様子をㅡ̇のように書いて現在では「ㅗ」という母音になりました。

母音は、陰陽説に基づいて、明るい母音（陽母音）と暗い母音（陰母音）に分かれます。

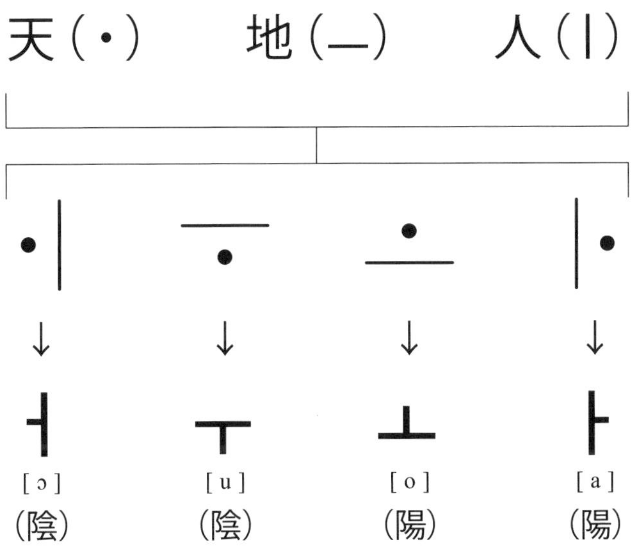

❷ 子音字の成り立ち

子音字は、その子音を発音するときに使われる舌や歯、唇、喉などの発声器官の形を型取って作られたと言われています。

舌の奥が喉をふさぐ形 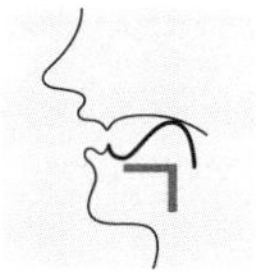 ㄱ [k]	舌の奥が喉をふさいでいる形になります。 「ク」と発音してみましょう。 舌の奥が喉をふさいでいることがわかりますか？ ㄱにさらに一画加えるとㅋ [k^h] になります。[k]
舌先が上の歯茎に付く形 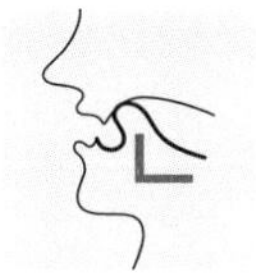 ㄴ [n]	舌先が前歯の後ろにくっつきます。 「ヌ」と発音してみましょう。 舌先が前歯の後ろに付くのがわかりますか？ ㄴに一画ずつ加えるとㄷ [t] ㅌ [t^h] ㄹ [r] になります。
唇の形 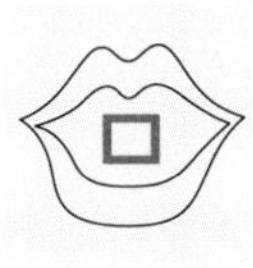 ㅁ [m]	唇を軽く閉じてから鼻もしくは唇から息を抜きます。 ㅁに画数を増やしてㅂ [p] ㅍ [ph^h] となります。
歯の形 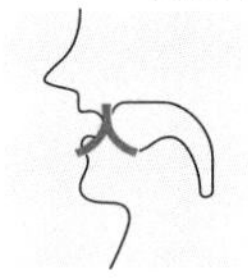 ㅅ [s]	上の歯と下の歯の隙間から空気が抜ける音です。 ㅅに一画加えるとㅈ [tʃ]、されに一画加えるとㅊ [$tʃ^h$] になります。 ※ㅈ ㅊは舌先をいったん天井（硬口蓋）につけてから歯の隙間から空気を抜く音です。
喉の形 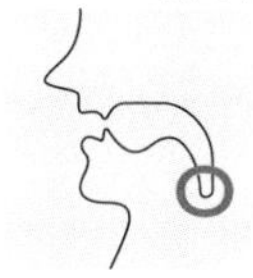 ㅇ [無音]	喉から空気がどこにもぶつからないで出てくる音を表します。 画数を増やすとㅎ [h] になります。 ※ㅎ [h] は空気が声帯にぶつかって出てくる音。

❸ 組み合わせのしくみ

記号のように見えるハングルは、すべてこの「子音字と母音字の組み合わせ」からできています。
※ただし、母音のみを文字にするときは子音の部分に「ㅇ（イウン）」を用います。

[a] 아　　[u] 우

「子音＋母音」の配置パターン

❶ 左右型

나	
ㄴ [n]	ㅏ [a]
子音	母音

[na] ナ
「わたし」

❷ 上下型

무	
ㅁ [m]	子音
ㅜ [u]	母音

[mu]
「大根」

※1つの音のかたまり（音節）が「子音＋母音＋子音」で構成されている場合、最初にくる子音は「初声」、2番目にくる母音は「中声」、最後に来る子音は「終声」と言います。この終声の子音字のことを「パッチム」といいます。

❸ 左右型＋子音

날			
子音	ㄴ	ㅏ	母音
ㄹ [l]			
子音（パッチム）			

[nal]
「日」

❹ 上下型＋子音

문	
ㅁ [m]	子音
ㅜ [u]	母音
ㄴ [n]	子音（パッチム）

[mun]
「門」

第1課

母音

母音には「単母音」と**2つの母音**がくみ合わさってできた「**複合母音**」があります。複合母音には日本語の「ヤ行音に近い母音（複合母音①）」と「ワ行音近い母音（複合母音②）」があります。この課では単母音と複合母音①を学びます。

❶ 単母音 ※単母音とは発音する際、口の形や舌の位置が変わらない母音のことです。 002

母音字	発音	口の形	書き順	発音のコツ
① ㅏ	[a]		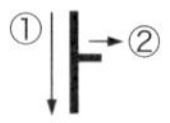	① ㅏ：日本語の「ア」と同じように、口を大きく開けて「ア」と発音します。舌の位置（低）
② ㅓ	[ɔ]		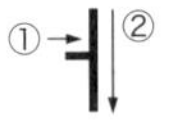	② ㅓ：唇に力を入れないで、口を開けて「オ」と発音します。舌の位置（中）
③ ㅗ	[o]			③ ㅗ：唇を小さく丸めて「オ」と発音します。舌の位置よりは唇を丸めることに集中！
④ ㅜ	[u]		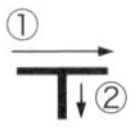	④ ㅜ：唇を丸めて前に突き出して「ウ」と発音します。
⑤ ㅡ	[ɯ]			⑤ ㅡ：唇に力を入れないで横にひいて「ウ」と発音します。
⑥ ㅣ	[i]			⑥ ㅣ：日本語の「イ」とほぼ同じ音。唇を思いっきり横にひいてスマイル！
⑦ ㅐ	[ɛ]		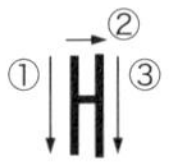	⑦ ㅐ：日本語の「エ」とほぼ同じ音です。現代語では⑧のㅔと同じ発音です。
⑧ ㅔ	[e]		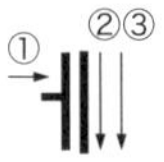	⑧ ㅔ：日本語の「エ」とほぼ同じ音。

※母音のみを文字に表すときは無音の子音字「ㅇ（イウン）」を用います。

発音しながら書いてみよう！

＊ㅇの位置に注意！

아	어	오	우	으	이	애	에

❷ 複合母音①（ヤ行音に近い母音）

003

日本語の「や、ゆ、よ」などにあたる音も母音（**複合母音**）とされています。

＊発音は元になる母音の前に「イ（이）」をつけて素早く発音すると「ヤ行音に近い母音」になります。

＊＊文字は元になる母音字に横や縦の短い棒を1画増やした形になります。

母音	① ㅑ	② ㅕ	③ ㅛ	④ ㅠ	⑤ ㅒ	⑥ ㅖ
発音	[ja]	[jɔ]	[jo]	[ju]	[jɛ]	[je]
成り立ち	ㅣ＋ㅏ＝ㅑ	ㅣ＋ㅓ＝ㅕ	ㅣ＋ㅗ＝ㅛ	ㅣ＋ㅜ＝ㅠ	ㅣ＋ㅐ＝ㅒ	ㅣ＋ㅔ＝ㅖ
書き順	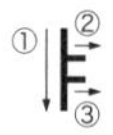	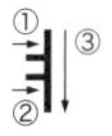	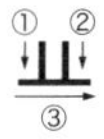	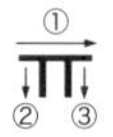	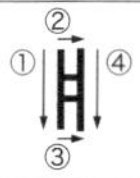	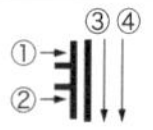

※①のㅑはㅣ＋ㅏを素早く発音すると、うまく発音できます

②のㅕは特に苦手だという学習者はぜひㅣ＋ㅓでㅕと発音してみてください。

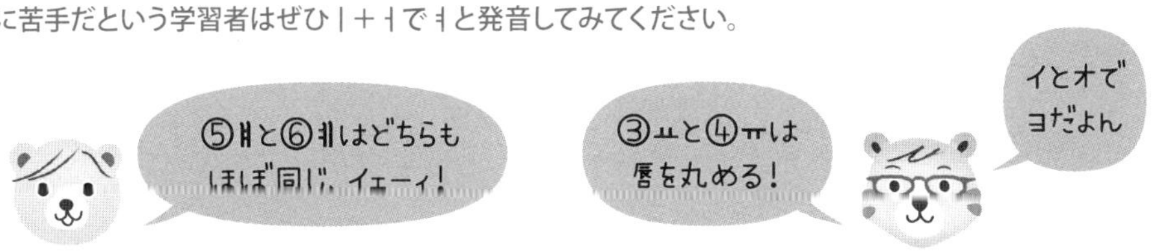

発音しながら書いてみよう！

야	여	요	유	얘	예

発音してみよう！

004

① 아, 야　② 어, 여　③ 오, 요　④ 우, 유　⑤ 애, 얘　⑥ 에, 예

もう一度読んでみよう

① 아야어여　② 오요우유　③ 으이　④ 애얘에예

発音しながら書いてみよう！

005

①아				②야			
③어				④여			
⑤오				⑥요			
⑦우				⑧유			
⑨으				⑩이			
⑪애				⑫얘			
⑬에				⑭예			

もう一度書いてみよう！

아	야	어	여	오	요	우	유	으	이

애	얘	에	예

※ㅇは上から下へ数字の0（ゼロ）を書く要領で。

ㅇなどの書体もあるけど
ㅇでOKだよ！

日本語の辞書で母音の順番は「アイウエオ」の順だけど、
韓国語の辞書での順番は、아야어여오요우유으이の順だよ。

歌って覚えよう！♪

006

「メリーさんの羊」のメロディーに合わせて歌ってみると楽しいよ〜

メーリ	さんの	ひつじ	ひつじ	ひつじ　〜♪
아　야	어　여	오　요	우　유	으　이

メーリ	さんの	ひつじ	かわ	いいな　〜♪
아　야	어　여	오　요	우　유	으　이

読めるかな？

007

① 아이（子供）

② 우유（牛乳）

③ 요요（ヨーヨー）

④ 오이（きゅうり）

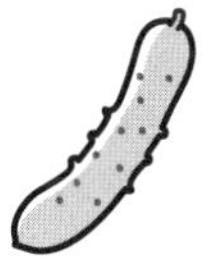

⑤ 여우（キツネ）

⑥ 이（歯）

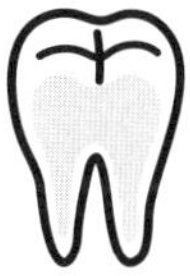

⑦ 유아（乳幼児）

⑧ 우아（優雅）

⑨ 이유（理由）

⑩ 여유（余裕）

⑪ 예요（〜です）

⑫ 아야!（痛い！）

音声を聞いて書いてみよう！

007

① 아이 □□	② 우유 □□	③ 요요 □□
④ 오이 □□	⑤ 여우 □□	⑥ 이 □
⑦ 유아 □□	⑧ 우아 □□	⑨ 이유 □□
⑩ 여유 □□	⑪ 예요 □□	⑫ 아야! □□ !

▶ 音声を聞いて文字を線で結んで単語を作ってみましょう！

008

① 아 •	• 우	キツネ
② 우 •	• 유	牛乳
③ 오 •	• 이	子供
④ 여 •	• 요	ヨーヨー
⑤ 요 •	• 이	きゅうり

▶ 音声を聞いて発音しているものを選んでみましょう！

009

① a. 아　b. 어　② a. 오　b. 우　③ a. 으　b. 이

④ a. 어　b. 여　⑤ a. 오　b. 요　⑥ a. 우　b. 유

⑦ a. 어이　b. 아이　⑧ a. 여우　b. 이유　⑨ a. 요요　b. 유유

言ってみよう！

010

※예요は「～です」という意味です。「?」をつけ、語尾を上げて発音すると「ですか?」と疑問文になるよ。

① 아이예요.
子供です。

② 오이예요?
キュウリですか?

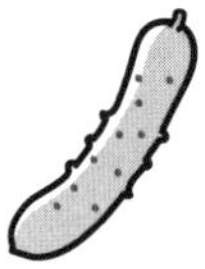

③ 우유예요.
牛乳です。

自分の名前を言ってみましょう！

例 아유예요.　アユです。

〈自分の名前〉예요.

クイズに挑戦！

1 次の絵をみて質問に韓国語で答えてみよう！

例 鉄棒の下に何がありますか？

우유

① ジャングルジムの上に何がいますか？

② ジャングルジムの中に何がありますか？

③ 砂場に誰がいますか？

④ 滑り台の上に誰がいますか？

⑤ すべり台の下に何がありますか？

⑥ 牛乳の前に何がありますか？

2 隠れている韓国語の単語を例のように見つけてみよう。 例 우유

이	우	야	에	유	아	우
애	유	으	이	에	요	아
요	요	아	아	예	이	유
우	예	여	이	오	아	오
여	요	우	으	이	아	야
유	이	오	어	으	애	어

※いくつ見つけたかな？　1～3個 (○) 4～6個 (◎) 7個以上 (❁)

第2課

子音

この課では子音を学びます。第１課で覚えた母音を組み合わせると、様々な音を表すことができます。子音の中には**語中で濁る子音**（**平音**）もあります。また、息の強さや、のどの緊張によって「激音」や「濃音」に分類される子音もあります。

❶ 基本子音

011

子音（発音の場所）	書き順		発音のコツ	単語例
① ㄱ [k/g]	①ㄱ	가	カ行に近い音です。実際はカ行より弱く発音します。母音に挟まれると濁ってガ行に近い音になります。	가구 [kagu] 家具
② ㄴ [n]	①ㄴ	나	ナ行とほぼ同じ音です。舌先は前歯の裏にくっつきます。	나이 年齢
③ ㄷ [t/d] ②と同じ	①②ㄷ	다	タ行」に近い音です。母音に挟まれると濁り「ダ行」に近くなります。	다도 [tado] 茶道
④ ㄹ [r/l] ②と同じ	①②③ㄹ	라	ラ行とほぼ同じ音です。外来語のｒもｌもㄹで表記します。	라디오 [radio] ラジオ
⑤ ㅁ [m]	①②③ㅁ	마	日本語のマ行とほぼ同じ音です。唇を軽く閉じてから発音します。	어머니 お母さん
⑥ ㅂ [p/b] ⑤と同じ	①②③④ㅂ	바	パ行に近い音です。実際はパ行よりは弱く発音します。母音に挟まれると濁ってバ行に近い音になります。	부부 [pubu] 夫婦 나비 [nabi] 蝶
⑦ ㅅ [s/ʃ]	①②ㅅ	사	サ行とほぼ同じ音です。ただし시は [ʃi] と発音します。	소리 声、音
⑧ ㅇ [無音/ŋ]	ㅇ	아	母音のみを表記するときに用います。なおパッチムとして使われる場合は、[ŋ] の音になります。	아리랑 [ariraŋ] アリラン
⑨ ㅈ [tʃ/dʒ]	①②ㅈ	자	チャ行に近い音です。実際はチャ行より弱く発音します。母音に挟まれると濁り、ジャ行に近くなります。	자리 [tʃari] 席 모자 [modʒa] 帽子
⑩ ㅎ [h]	①②③ㅎ	하	ハ行とほぼ同じ音です。※語中で濁ってバ行になることはありません。	하나 [hana] ひとつ

①ㄱ ③ㄷ ⑥ㅂ ⑨ㅈ のように語中で濁る子音と ⑧ㅅ は「平音」と分類されるんだ。

書いてみよう！

ㄱ	ㄴ	ㄷ	ㄹ	ㅁ	ㅂ	ㅅ	ㅇ	ㅈ	ㅎ

発音してみよう！

母音「ㅏ」をつけて가, 나, 다, 라…と発音しましょう。 012

①가 ②나 ③다 ④라 ⑤마 ⑥바 ⑦사 ⑧아 ⑨자 ⑩하

発音しながら書いてみよう！

가	나	다	라	마	바	사	아	자	하

音声を聞いて正しい方を選んでみよう！

013

① a. 가 b. 다 ② a. 나 b. 라 ③ a. 마 b. 바 ④ a. 사 b. 자

読めるかな？

014

① 모자 帽子

② 구두 靴

③ 가구 家具

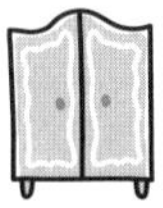

④ 허리 腰

⑤ 가수 歌手

⑥ 나비 蝶々

⑦ 라디오 ラジオ

⑧ 누나 姉（弟から）

⑨ 아버지 お父さん

⑩ 어머니 お母さん

⑪ 부모 両親

⑫ 지하 地下

⑬ 휴지 トイレットペーパー

⑭ 하나 一つ

⑮ 세수 洗顔

音声を聞いて書いてみよう！

014

① 모자
② 구두
③ 가구
④ 허리
⑤ 가수
⑥ 나비
⑦ 라디오
⑧ 누나
⑨ 아버지
⑩ 어머니
⑪ 부모
⑫ 지하
⑬ 휴지
⑭ 하나
⑮ 세수

❷ 激音（息を強く出して発音する）

015

激音とは息を強く吐きながら発音する子音です。語頭でも語中でも、濁った音になりません。

子音（発音）	書き順		発音のコツ	単語例
① ㅋ [k^h]		카	日本語のカ行よりも息を強く吐いて発音します。kの音の後にh音をつけて発音するようなイメージで。	케이크 ケーキ 스키 スキー
② ㅌ [t^h]	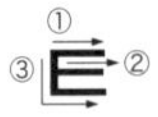	타	日本語のタ行よりも息を強く吐いて発音します。tの音の後にh音をつけて発音するイメージで。	토마토 トマト 테니스 テニス
③ ㅍ [p^h]	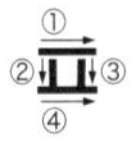	파	日本語のパ行よりも息を強く吐いて発音します。pの音の後にh音をつけて発音するイメージで。	커피 コーヒー 파리 ハエ
④ ㅊ [tʃ^h]		차	日本語のタ行よりも息を強く吐いて発音します。chの音の後にh音をつけて発音するイメージで。	치마 スカート 초코 チョコ

書いてみよう！

ㅋ	ㅌ	ㅍ	ㅊ

発音してみよう！

016

①카 타 파 차　②크 트 프 츠　③키 티 피 치

発音しながら書いてみよう！

카	타	파	차	크	트	프	츠	키	티	피	치

読めるかな？

017

① 코 鼻

② 파리 ハエ

③ 토마토 トマト

④ 치즈 チーズ

⑤ 크리스마스 クリスマス

⑥ 차 車/茶

⑦ 카메라 カメラ

⑧ 커피 コーヒー

⑨ 코코아 ココア

⑩ 스프 スープ

⑪ 치마 スカート

⑫ 고추 唐辛子

⑬ 기타 ギター

⑭ 피자 ピザ

⑮ 타요 乗ります

音声を聞いて書いてみよう！

017

① 코

② 파리

③ 토마토

④ 치즈

⑤ 크리스마스

⑥ 차

⑦ 카메라

⑧ 커피

⑨ 코코아

⑩ 스프

⑪ 치마

⑫ 고추

⑬ 기타

⑭ 피자

⑮ 타요

クイズに挑戦！

次の絵の中に、上の単語の何かがかくれています。あててみましょう。

書いてみよう！

発音しながら母音と子音を組み合わせたハングルを書いてみましょう。 018

	① ㅏ [a]	② ㅓ [ɔ]	③ ㅗ [o]	④ ㅜ [u]	⑤ ㅡ [ɯ]	⑥ ㅣ [i]	⑦ ㅐ [ɛ]	⑧ ㅔ [e]
❶ ㄱ [k/g]	가	거	고	구	그	기	개	게
❷ ㄴ [n]	나	너	노	누	느	니	내	네
❸ ㄷ [t/d]	다	더	도	두	드	디	대	데
❹ ㄹ [r/l]	라	러	로	루	르	리	래	레
❺ ㅁ [m]	마	머	모	무	므	미	매	메
❻ ㅂ [p/b]	바	버	보	부	브	비	배	베
❼ ㅅ [s/ʃ]	사	서	소	수	스	시	새	세
❽ ㅇ [無音]	아	어	오	우	으	이	애	에
❾ ㅈ [tʃ/dʒ]	자	저	조	주	즈	지	재	제
❿ ㅊ [tʃʰ]	차	처	초	추	츠	치	채	체
⓫ ㅋ [kʰ]	카	커	코	쿠	크	키	캐	케
⓬ ㅌ [tʰ]	타	터	토	투	트	티	태	테
⓭ ㅍ [pʰ]	파	퍼	포	푸	프	피	패	페
⓮ ㅎ [h]	하	허	호	후	흐	히	해	헤

※❿～⓭は激音です。 韓国語の辞書の子音の並び順は❶から⓮の順です。

歌ってみよう！♪

019

「きらきら星」のメロディーに合わせて覚えると楽しいよ♡

가나다라마바사♪～　아자차카타파하♪～

第3課

その他の子音（濃音）と複合母音②

この課では濃音と複合母音（日本語のワ行に近い母音）を学びます。

❶ 濃音　濃音とは「うっ」とつまる感じで、喉を緊張させて発音する子音です。 020

息を出さずに発音します。濃音は語頭でも語中でも、濁った音になりません。

子音（発音）	書き順		発音のコツ	単語例
① ㄲ [ʔk]	 ㄲ ①②	까	까は「すっかり」の「つか」を発音する要領で[ッカ]。	아까 さっき 꼬리 しっぽ
② ㄸ [ʔt]	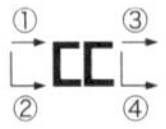 ㄸ ①②③④	따	따は「まったり」の「った」を発音する要領で[ッタ]。	어때요? どうですか？ 따로 別々に
③ ㅃ [ʔp]	 ㅃ ①②③④⑤⑥⑦⑧	빠	빠は「さっぱり」の「っぱ」を発音する要領で[ッパ]。	예뻐요. きれいです。 오빠 兄（女性から）
④ ㅆ [ʔs]	 ㅆ ①②③④	싸	싸は「あっさり」の「っさ」を発音する要領で[ッサ]。	아가씨 お嬢さん 싸요 安いです
⑤ ㅉ [ʔtʃ]	 ㅉ ①②③④	짜	짜は「ぽっちゃり」の「っちゃ」を発音する要領で[ッチャ]。	가짜 偽物 짜요 しょっぱいです

濃音は따なら、休符ッをつけて「ッッタ、ッッタ、ッッタ」と裏拍でリズムを取るようにしながら発音するとうまくできるよ！

書いてみよう！

ㄲ	ㄸ	ㅃ	ㅆ	ㅉ

母音字をつけて発音してみよう！

021

①까　따　빠　싸　짜

②꼬　또　뽀　쏘　쪼

発音しながら書いてみよう！

까	따	빠	싸	짜	꼬	또	뽀	쏘	쪼

読めるかな？

022

① 오빠 兄（女性から）

② 토끼 ウサギ

③ 쓰레기 ゴミ

④ 예쁘다 きれい

⑤ 아빠 お父さん、パパ

⑥ 꼬리 しっぽ

⑦ 어때요? どうですか？

⑧ 비싸다 （値段が）高い

⑨ 이따가 あとで

⑩ 코끼리 ゾウ

⑪ 어깨 肩

⑫ 찌개 チゲ

音声を聞いて単語を書いてみよう！

022

① 오빠 □□

② 토끼 □□

③ 쓰레기 □□□

④ 예쁘다 □□□

⑤ 아빠 □□

⑥ 꼬리 □□

⑦ 어때요? □□□?

⑧ 비싸다 □□□

⑨ 이따가 □□□

⑩ 코끼리 □□□

⑪ 어깨 □□

⑫ 찌개 □□

▶ 比べてみよう！平音・激音・濃音

023

音声を聞きながら書いてみましょう。

	①		②		③		④		⑤	
平音	가		다		바		사		자	
激音	카		타		파				차	
濃音	까		따		빠		싸		짜	

- 平音は息を普通に弱めに出して発音します。
- 激音は息を強く出して発音します。
- 濃音はのどを緊張させ、息は出さないで発音します。

❷ 複合母音②（日本語の「ワ行音に近い母音」と「ㅢ《ウイ》」）

「ワ行」に近い複合母音は「ㅗ」と組み合わさるものが3つ（ㅘ, ㅙ, ㅚ）、「ㅜ」と組み合わさるものが3つ（ㅝ, ㅞ, ㅟ）、「ㅡ」と組み合わさるものが1つ（ㅢ）あります。

024

子音（発音）	書き順	発音のコツ	単語例
① ㅘ [wa] （ㅗ＋ㅏ）	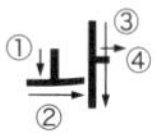	唇を丸めてから［ワ］と発音する	와?（来る?）
② ㅝ [wɔ] （ㅜ＋ㅓ）	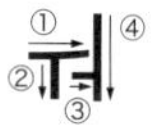	唇を丸めてから［ウォ］と発音する	샤워（シャワー）
③ ㅙ [we] （ㅗ＋ㅐ）	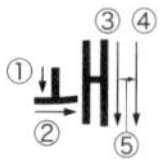	唇を丸めてから［ウェ］と発音する	왜?（なぜ?）
④ ㅞ [we] （ㅜ＋ㅔ）	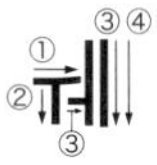	唇を丸めてから［ウェ］と発音する	웨이터（ウェイター）
⑤ ㅚ [we] （ㅗ＋ㅣ）	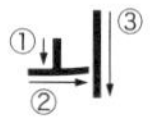	唇を丸めてから［ウェ］と発音する ［オィ］や［ウィ］にならないので注意！	외가（母の実家）
⑥ ㅟ [wi] （ㅜ＋ㅣ）	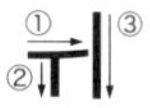	唇を丸めてから［ウィ］と発音する	위（上）
⑦ ㅢ [ɯi] （ㅡ＋ㅣ）	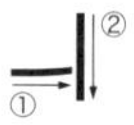	口を横にひいて一息で［ウイ］と発音する 唇を丸めないように注意！	의자（椅子）

※③ㅙ、④ㅞ、⑤ㅚは、文字は違っていても発音はすべて［we］になります。

※⑦의は語頭では［ɯi］ですが、「〜の」という意味の時は［e］となります。「너의《[e]》 이름 きみの名前」。それ以外では［i］です。「주의《[i]》 注意」「소희《[hi]》 ソヒ（人名）」など。

発音してみよう！

025

①와　②워　③왜　④웨　⑤외　⑥위　⑦의

発音しながら書いてみよう！

와	워	왜	웨	외	위	의

▶ 音声を聞いて正しい方を選んでみよう！

026

① a. 와　b. 왜　② a. 워　b. 웨　③ a. 위　b. 의　④ a. 워　b. 위

読めるかな？

027

① 와요　来ます

② 왜요?　なぜですか？

③ 사과　りんご

④ 뭐　何？

⑤ 샤워　シャワー

⑥ 돼지　豚

⑦ 귀여워!　かわいい！

⑧ 뇌　脳

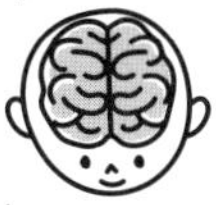

⑨ 쥐　ネズミ

⑩ 의자　椅子

⑪ 웨이터　ウェイター

⑫ 해외　海外

⑬ 회사　会社

⑭ 예외　例外

⑮ 가위　はさみ

音声を聞いて書いてみよう！

027

① 와요　□□

② 왜요?　□□?

③ 사과　□□

④ 뭐　□

⑤ 샤워　□□

⑥ 돼지　□□

⑦ 귀여워!　□□□!

⑧ 뇌　□

⑨ 쥐　□

⑩ 의자　□□

⑪ 웨이터　□□□

⑫ 해외　□□

⑬ 회사　□□

⑭ 예외　□□

⑮ 가위　□□

ジャンケンポン！は가위(はさみ), 바위(岩), 보(ふろしき)！って言うんだよ～

028

第4課

パッチムとその発音

これまでは「子音（初声）＋母音（中声）」の組み合わせで1文字となり、1音節を作るものを見てきました。ハングルには「子音＋母音＋子音」という組みまわせで1音節を作るものもあります。音節の最後にくる子音（終声）を「パッチム」と言います。

子音 [h]　한　母音 [a]

han ハン

子音 [n] ⇒ パッチム

※パッチムは「支えるもの」という意味です。

パッチムというと「日本語にはないから難しい」という印象をお持ちの学習者もいらっしゃるかもしれませんが、じつは日本語にある「ん」や「っ」は韓国語のパッチムに似たものと考えられます。韓国語にも「ん」に近い「響くパッチム」と「っ」に近い「つまるパッチム」があります。

7つの音のパッチムと発音のコツ

子音は19ありますが、パッチムとして発音される音（終声）は7つで、3グループ（鼻音・流音・口音）に分類されます。

❶ 響くパッチム（鼻音：ㅁ[m], ㄴ[n], ㅇ[ŋ]）

同じ「ん」でも「あん(m)まり」「あん(n)ない」「あん(ŋ)がい」のようにそれぞれ「m/n/ŋ」の音に分かれているのがわかりますか？ 日本語ではどちらも同じ文字「ん」で表記するため普段その違いに気が付かないかもしれません。ハングルではこの3種類の子音を異なる子音字で表します。

029

パッチム	発音のコツ	単語例
ㅁ [m]	암　[am] と発音する（[amu] は×） 口を閉じて鼻から空気を抜く。「あんまり」の「ん」	밤（夜）
ㄴ [n]	안　[an] と発音する（[anu] は×）。 舌先を歯ぐきにつけて、鼻から空気を抜く。「あんない」の「ん」	반（クラス）
ㅇ [ŋ]	앙　[aŋ] と発音する（[aŋu] は×） 舌の奥の部分で喉をふさぐようにして鼻から空気を抜く。 「あんがい」の「ん」	방（部屋）

※これらの鼻音のパッチムは音が響くので「響くパッチム」と覚えておきましょう。

発音してみよう！

030

암　안　앙　밤　반　방　삼　산　상

❷ 流れるパッチム（流音：ㄹ[l]）

流音とは舌先を上あごにつけたとき、舌の両脇から空気が流れる音のことです。流音はㄹ（リウル）のみです。ㄹは初声の時は「r」に近い音ですが、終声（パッチム）としては「l」に近い音になります。

031

パッチム	発音のコツ	単語例
ㄹ [l]	알　[al] と発音する（[alu] は×）舌先を上あごに付けて上あごからはずさないのがコツ。自分の耳に「ル」が聞こえたらそれは舌先が外れたということなので、注意しましょう。	발（足）

※ㄹパッチムの発音は日本語にはない音なのでしっかり練習しておきましょう。

ㄹは初声のときと終声（パッチム）のときでは音が違うことを意識しましょう。라の場合は日本語のラ行をほぼ同じで。舌先を上あごにつけてからはじくように「ラ」と言います。

発音してみよう！

032

알　달　말　발　살　탈

絵をみて単語にパッチムを入れてみよう！

033

山 사 (san)

川 가 (kang)

人 사라 (sram)

馬 마 (mal)

❸ つまるパッチム（口音：ㅂ[^{p}] ㄷ[^{t}] ㄱ[^{k}]）

034

パッチム（代表音）	発音のコツ	単語例
ㅂ [^{p}]	압 [a^{p}] と発音する。[apu] は× 口をしっかり閉じて発音が終わるまで開かないのがコツ。 【同じ発音のパッチム】ㅂ, ㅍ	밥（ごはん） 앞（前）
ㄷ [^{t}]	앋 [a^{t}] と発音する。[atu] は× 舌先を歯ぐきにつけて発音が終わるまで外さないのがコツ 【同じ発音のパッチム】ㄷ, ㅌ, ㅅ, ㅆ, ㅈ, ㅊ, ㅎ	밭（畑） 낮（昼） 옷（洋服） 꽃（花） 히읗（子音字ㅎ）
ㄱ [^{k}]	악 [a^{k}] と発音する。[aku] は× 舌の奥の部分で喉をふさぐようにして発音が終わるまで舌の位置を変えないのがコツ。 【同じ発音のパッチム】ㄱ, ㅋ, ㄲ	약（薬） 부엌（台所） 밖（外）

これらの口音のパッチムは音が響かず「うっ」と喉がつまる感じがするので「つまるパッチム」と覚えておきましょう。

発音してみよう！

034

압　밥　앞

앋　밭　낮　옷　꽃　히읗

악　약　부엌　밖

発音しながら書いてみよう！

035

암	안	앙	알	압	앋	악

▶ 音声を聞いて読んだ方の文字を選んでみよう！

036

① a. 악　b. 암　② a. 앗　b. 알　③ a. 앞　b. 안　④ a. 앙　b. 악

読めるかな？

037

[ㅁ] m	사람 人 섬 島 컴퓨터 パソコン	[ㄴ] n	눈 目 손 手 레몬 レモン 친구 友だち	[ㅇ] g	공 ボール 가방 カバン 빵 パン 냉장고 冷蔵庫	[ㄹ] l	물 水 불 火 달 月 별 星

[ㅂ] p	집 家 잎 葉 지갑 財布 무릎 ひざ	[ㄷ] t	옷 洋服 빗 くし 낮 昼 꽃 花	숟가락 スプーン 젓가락 箸 히읗 子音のㅎ 밑 下	[ㄱ] k	책 本 부엌 台所 국 スープ

音声を聞いて書いてみよう！

037

①사람　②섬　③컴퓨터

④눈　⑤손　⑥레몬

⑦친구　⑧공　⑨가방

⑩빵　⑪냉장고　⑫물

⑬불　⑭달　⑮별

⑯집　⑰잎　⑱지갑

⑲무릎　⑳옷　㉑빗

㉒낮　㉓꽃　㉔숟가락

㉕젓가락　㉖히읗　㉗밑

㉘책　㉙부엌　㉚국

読めるかな？

日本語と発音が似ている漢数字を読んでみよう！

038

1	2	3	4	5	6	7	8	9	10
일	이	삼	사	오	육	칠	팔	구	십

※「焼肉2人前ください」は 불고기 이 인분 주세요. と言います♪

体の部位の名称

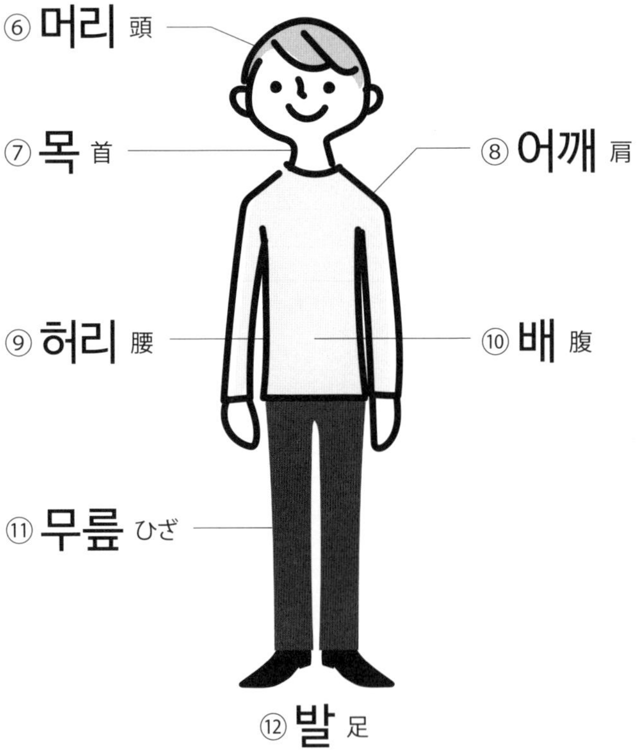

二重パッチム

🔊039

❶ 2つの異なる子音で構成されるパッチムを「二重パッチム」と言います。二重パッチムは基本、どちらか一方のみ発音します。

パッチム	発音	例
ㄳ	[k]	삯 [삭]　賃金
ㅄ	[p]	값 [갑]　値段
ㄵ	[n]	앉다 [안따]　座る
ㄺ	[k]	닭 [닥]　ニワトリ
ㄻ	[m]	삶 [삼]　人生

※ 二重パッチムは11個ありますが、左側を読むものが8つ、右側を読むものが3つあります。

右側を読むものは
3つ ㄺ、ㄻ、ㄿ しかないので
どっちの子音を読むかは
「くまのプーさん（ㄱ、ㅁ、ㅍ）、右を読む」で
覚えておくといいですよ！

読んでみよう！

🔊040

① 흙 土　② 여덟 8つ　③ 앎 知識　④ 넋 魂

❷ 二重パッチムの次に母音がくる場合は、左側のパッチムはそのまま残り、右側のパッチムはとなりのㅇに移って発音されます。

例 읽어요 読みます → [일거요]

앉아요 座ります → [안자요]

やってみよう！

音声を聞いて正しい方を選んでみましょう。

🔊041

① a. 박아요　b. 밝아요

② a. 앉아요　b. 안아요

読んでみよう！の解答　① 흙 [흑]　② 여덟 [여덜]　③ 앎 [암]　④ 넋 [넉]

やってみよう！の解答　① b.　② a.

日本語のハングル表記

日本語をハングルで表記するときのつづりです。

<table>
<tr><th></th><th>語頭</th><th>語中</th></tr>
<tr><td>あ い う え お</td><td colspan="2">아 이 우 에 오</td></tr>
<tr><td>か き く け こ</td><td>가 기 구 게 고</td><td>카 키 쿠 케 코</td></tr>
<tr><td>さ し す せ そ</td><td>사 시 스 세 소</td><td></td></tr>
<tr><td>た ち つ て と</td><td>다 지 쓰 데 도</td><td>타 치 쓰 테 토</td></tr>
<tr><td>な に ぬ ね の</td><td colspan="2">나 니 누 네 노</td></tr>
<tr><td>は ひ ふ へ ほ</td><td colspan="2">하 히 후 헤 호</td></tr>
<tr><td>ま み む め も</td><td colspan="2">마 미 무 매 모</td></tr>
<tr><td>や ゆ よ</td><td colspan="2">야 유 요</td></tr>
<tr><td>ら り る れ ろ</td><td colspan="2">라 리 루 레 로</td></tr>
<tr><td>わ を</td><td colspan="2">와 오</td></tr>
<tr><td>が ぎ ぐ げ ご</td><td colspan="2">가 기 구 게 고</td></tr>
<tr><td>ざ じ ず ぜ ぞ</td><td colspan="2">자 지 즈 제 조</td></tr>
<tr><td>だ ぢ づ で ど</td><td colspan="2">다 지 즈 데 도</td></tr>
<tr><td>ば び ぶ べ ぼ</td><td colspan="2">바 비 부 베 보</td></tr>
<tr><td>ぱ ぴ ぷ ぺ ぽ</td><td colspan="2">파 피 푸 페 포</td></tr>
<tr><td>きゃ きゅ きょ</td><td>갸 규 교</td><td>캬 큐 쿄</td></tr>
<tr><td>しゃ しゅ しょ</td><td>샤 슈 쇼</td><td></td></tr>
<tr><td>ちゃ ちゅ ちょ</td><td>자 주 조</td><td>차 추 초</td></tr>
<tr><td>にゃ にゅ にょ</td><td colspan="2">냐 뉴 뇨</td></tr>
<tr><td>ひゃ ひゅ ひょ</td><td colspan="2">햐 휴 효</td></tr>
<tr><td>みゃ にゅ みょ</td><td colspan="2">먀 뮤 묘</td></tr>
<tr><td>りゃ りゅ りょ</td><td colspan="2">랴 류 료</td></tr>
<tr><td>ぎゃ ぎゅ ぎょ</td><td colspan="2">갸 규 교</td></tr>
<tr><td>じゃ じゅ じょ</td><td colspan="2">자 주 조</td></tr>
<tr><td>びゃ びゅ びょ</td><td colspan="2">뱌 뷰 뵤</td></tr>
<tr><td>ぴゃ ぴゅ ぴょ</td><td colspan="2">퍄 퓨 표</td></tr>
<tr><td colspan="3">「ん」はㄴパッチムで、ちいさい「っ」はㅅパッチムで表します。</td></tr>
</table>

やってみよう！

では、ハングル表記表を確認しながら、以下の点に注意してハングルで地名や名前を書いてみましょう。

1. カ行とタ行、チャ・チュ・チョは、語頭ではㄱ、ㄷ、ㅈ、語中ではㅋ、ㅌ、ㅊで表記します。

   例 다나카 지에코 田中（タナカ） チエコ

2. 「つ」は쓰と表記します。

   例 쓰시마 津島（ツシマ）

3. 濁音は、どの位置でもㄱ、ㄷ、ㅂ、ㅈで表記します。

   例 곤도 権藤（ゴンドウ）

4. 伸ばす音は表記しません。

   例 도쿄 東京（トウキョウ） 오사카 大阪（オオサカ） 유코 ユウコ

5. 「っ」と「ん」は、パッチムとして表記します。

   例 홋타 堀田（ホッタ） 신칸센 新幹線（シンカンセン）

クイズに挑戦！

正しいハングル表記はどっち？

お店

① スターバックス（스타벅스 / 스타박스）

② ダイソー（다이소 / 타이소）

食べ物

① しゃぶしゃぶ（샤부샤부 / 사부사부）

② たこやき （다코야키 / 타고야키）

地名

① 富士山 （후지산 / 후지상）

② 浅草 （아사구사 / 아사쿠사）

人名

① 坂本龍馬（사카모토 료오마 / 사카모토 료마）

② 宮崎駿（미야자키 하야오 / 미야사키 하야오）

③ 新海誠（신카이 마코토 / 싱카이 마고토）

あいさつ

042

안녕하세요?　안녕하세요?
こんにちは。

만나서 반갑습니다. / 만나서 반가워요.
お会いできてうれしいです。

잘 먹겠습니다.
いただきます。

잘 먹었습니다.
ごちそうさまでした。

안녕히 가세요.
さようなら
（去る人へ）

안녕히 계세요.
さようなら
（残る人へ）

죄송합니다.
申し訳ございません。

미안합니다.
ごめんなさい。

괜찮아요.
大丈夫です。

감사합니다. / 고맙습니다.
感謝します。/ ありがとうございます。

축하합니다.
おめでとうございます。

수고하셨습니다.
お疲れ様でした。

어서 오세요.
ようこそ、
いらっしゃいませ。

안녕
こんにちは。

안녕

잘 가 じゃあね。　또 봐 またね。

어서 와 いらっしゃい

미안해/미안 미안
ごめん。ごめんごめん。

괜찮아?
大丈夫？

괜찮아
大丈夫。

※[괜차나]と読みます。

축하해/축하 축하 おめでとう。

수고!
お疲れ。

가 じゃあね。　가 じゃあね。

밥 먹었어?
ご飯食べた？

먹었어
食べたよ。

※これもあいさつの
ひとつです。

파이팅!
頑張れ！

너도 파이팅!
君も頑張れ！

第5課

私は南レイナです。

저는 미나미 레이나예요.

学習目標：① ~는/은 ～は
② ~예요./이에요. ～です.
③ ~예요?/이에요? ～ですか?

スキット

聞いてみよう 044 ノーマルスピード

윤 기 ① 저기…안녕하세요?

레이나 ② 안녕하세요? 한국분이세요?

윤 기 ③ 네. 한국 사람**이에요**. 김윤기라고 합니다.

레이나 ④ 저는 미나미 레이나**예요**. 일본 사람**이에요**.

윤 기 ⑤ 레이나 씨는 회사원**이에요**?

레이나 ⑥ 아니요. 저는 학생**이에요**.

윤 기 ⑦ 저는 회사원**이에요**. 만나서 반가워요.

ユンギ ① あの…こんにちは。
レイナ ② こんにちは。韓国の方ですか?
ユンギ ③ はい。韓国人です。キム・ユンギと申します。
レイナ ④ 私は南レイナです。日本人です。
ユンギ ⑤ レイナさんは会社員ですか?
レイナ ⑥ いいえ。私は学生です。
ユンギ ⑦ 私は会社員です。お会いできてうれしいです。

045

- 저기… あの…
- 안녕하세요? こんにちは
- 한국분 韓国の方
- -(이)세요? ～でいらっしゃいますか?
- 네 はい
- 한국 사람 韓国人
- -이에요 ～です（パッチム有+이에요）
- -(이)라고 합니다 ～と申します
- 저는 私は 저（私）+는（～は）
- -예요 ～です（パッチム無+예요）
- 일본 사람 日本人
- 씨(氏) ～さん
- 회사원 会社員
- 아니요 いいえ
- 학생 学生
- 만나서 반가워요 お会いできてうれしいです

声に出して読んでみよう

046 ゆっくりめ

★ステップ1：ゆっくり目の音声を［発音変化］に気を付けながら読んでみましょう。
［発音変化］の部分は繰り返し収録されています。

윤 기 ① 저기…안녕하세요?

레이나 ② 안녕하세요? 한국분이세요《한국뿌니세요》?

윤 기 ③ 네. 한국 사람이에요《한국싸라미에요》. 김윤기라고 합니다《함니다》.

레이나 ④ 저는 미나미 레이나예요. 일본 사람이에요《일본사라미에요》.

윤 기 ⑤ 레이나 씨는 회사원이에요《회사워니에요》?

레이나 ⑥ 아니요. 저는 학생이에요《학쌩이에요》.

윤 기 ⑦ 저는 회사원이에요《회사워니에요》. 만나서 반가워요.

★ステップ2：ノーマルスピードの音声を聞いてシャドーイングや音読練習を繰り返しましょう。

スキットの解説

① 저기はここでは「人に呼びかけるとき」に使う「あのう…」です。短く「저…」とも言います。お店の人に声をかけるときは「저기요（すみません）」と言います。안녕하세요? は「おはようございます」、「こんにちは」、「こんばんは」という意味で、時間帯を問わず使えるあいさつフレーズです。

② 한국분（韓国の方）の「분」は人に対する尊敬語で「方」という意味です。
이세요? は「～でいらっしゃいますか?」という意味の敬語表現です。前にくる単語末にパッチムがなければ「~세요?」、パッチムがあれば「~이세요?」がつきます。※日本語訳は「～ですか」でもOKです。
例）어머니세요? お母さまでいらっしゃいますか？

③ 김윤기라고 합니다. の「~라고 합니다.」は「～と申します」のように初対面で名前を告げるときにつかう表現です。前にくる単語末にパッチムがなければ「~라고 합니다」、パッチムがあれば「~이라고 합니다」がつきます。例）박지민이라고 합니다 パクジミンと言います。

④ 저는（私は）の「저」は「わたし、わたくし」。「僕、あたし」のようなため口では「나」と言います。

⑤ 레이나 씨の「씨【氏】」は、名前のあとにつける「～さん」。※氏名のあとに付けるのが正式な使い方です。同年裴の親しい間柄では名前のあとにつけます。姓のあとにつけると失礼に当たります。박지민 씨（○）지민 씨（○）박 씨（×）

⑦ 만나서 반가워요は「お会いできてうれしいです（初対面の挨拶）」。よりかしこまった言い方に「만나서 반갑습니다」があります。※「반가워요」は久しぶりに会えてうれしい場合や好みが一緒でうれしいなどの場合にも用います。

ポイントレッスン

1 ~는/은　~は（助詞）　＊名詞について主題を表す助詞　047

前にくる単語末にパッチムがない場合は「~는」、ある場合は「~은」がつきます。

※単語末のパッチムは은の「ㅇ」のところに移って発音されます。

例 친구는 友達は　/　선생님은［선생니믄］先生は

練習 つぎの（　）の中の正しい方に○をつけてよんでみましょう。　048

① 아버지(는/은)　② 어머니(는/은)　③ 취미(는/은)

④ 꿈(는/은)　⑤ 서울(는/은)　⑥ 이름(는/은)

2 ~예요./이에요.　~です.　049

前にくる単語末にパッチムがない場合は「~예요.」、ある場合は「~이에요.」がつきます。

※単語末のパッチムは「이」の「ㅇ」のところに移って発音されます。

例 야구 선수예요. 野球選手です. / 일본 사람이에요.［사라미에요］日本人です.

※예요は［에요］と発音する人もいます。

練習1 つぎの（　）の中の正しい方に○をつけてよんでみましょう。　050

① 공무원(예요/이에요).　② 간호사(예요/이에요).　③ 게임(예요/이에요).

④ 만화가(예요/이에요).　⑤ 처음(예요/이에요).　⑥ 김남준(예요/이에요).

練習2 2つの単語をつなげて「～は～です.」の文を作ってみましょう。　051

例 친구/야구 선수 → 친구는 야구 선수예요.　友達は野球選手です。

① 아버지 / 공무원　：＿＿＿＿＿＿＿＿＿＿

② 어머니 / 간호사　：＿＿＿＿＿＿＿＿＿＿

③ 취미 / 게임　：＿＿＿＿＿＿＿＿＿＿

④ 꿈 / 만화가　：＿＿＿＿＿＿＿＿＿＿

⑤ 서울 / 처음　：＿＿＿＿＿＿＿＿＿＿

⑥ 이름 / 김남준　：＿＿＿＿＿＿＿＿＿＿

単語　052

□아버지 父　□어머니 母　□취미 趣味　□꿈 夢　□서울 ソウル　□이름 名前　□공무원 公務員
□간호사 看護師　□게임 ゲーム　□만화가 漫画家　□처음 初めて　□친구 友達

053

3 ~예요?/이에요?　~ですか?

文末を上げ気味に発音します。書くときは「?」をつけます.

例 야구 선수예요? 野球選手ですか? / 일본 사람이에요? 日本人ですか?

054

練習1 絵を見て「~ですか?」と聞いてみましょう。

①

②

③

④

① 여권[여꿘] ______________________　② 김치 ______________________

③ 물 ______________________　④ 컴퓨터 ______________________

055

練習2 「~は~ですか?」と言ってみましょう。

例 남동생 / 초등학생 → 남동생은 초등학생이에요?　弟は小学生ですか?

① 오빠 / 회사원 ：______________________

② 누나 / 간호사 ：______________________

③ 언니 / 기자 ：______________________

④ 형 / 유튜버 ：______________________

056

▶ 兄弟を呼ぶことば ◀

<table>
<tr><th></th><th>姉</th><th>兄</th><th>妹</th><th>弟</th></tr>
<tr><td>女性の</td><td>언니</td><td>오빠</td><td rowspan="2">여동생</td><td rowspan="2">남동생</td></tr>
<tr><td>男性の</td><td>누나</td><td>형</td></tr>
</table>

※年下の兄弟の総称として「동생」という単語もあります。

057

練習3 質問を作って「네/아니요（はい、いいえ）」を使って答えてみましょう。

例 초등학생 (○) → A：초등학생이에요?　B：네. 초등학생이에요.

초등학생 (×) / 중학생 (○) → A：초등학생이에요?　B：아니요. 중학생이에요.

① 회사원 (○)　A：______________　B：______________

② 간호사 (×) / 미용사 (○)　A：______________　B：______________

③ 기자 (○)　A：______________　B：______________

④ 유튜버 (×) / 요리사 (○)　A：______________　B：______________

単語　058

□ 여권 パスポート　□ 김치 キムチ　□ 물 水　□ 컴퓨터 パソコン　□ 네 はい　□ 아니요 いいえ
□ 회사원 会社員　□ 기자 記者　□ 초등학생 小学生　□ 중학생 中学生　□ 유튜버 ユーチューバー
□ 간호사 看護師　□ 미용사 美容師　□ 요리사 調理師

プラスでお得！ ~예요./이에요.の否定形

059

名詞+가/이 아니에요.　~ではありません

前にくる単語末にパッチムがない場合は「가」、パッチムがある場合は「이」がつきます。

A：파스타예요?

B：아니요. 파스타가 아니에요. 비빔국수예요.

A：오늘 저녁밥이에요?

B：아니요. 저녁밥이 아니에요. 간식이에요.

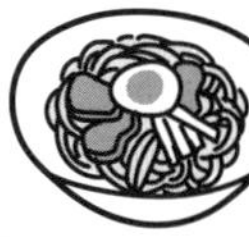

やってみよう

次の人について紹介してみましょう。

060

이름：김성우　이름은 김성우예요.　名前はキム・ソンウです。

집　：부산　＿＿＿＿＿＿＿＿＿＿

직업：가수　＿＿＿＿＿＿＿＿＿＿

취미：스키　＿＿＿＿＿＿＿＿＿＿

聞いて答えてみよう

練習1 音声を聞いて質問に韓国語で答えてみましょう。

061

① イ・ジヌさんの職業は何ですか？（　　　　　　　）

② イ・ジヌさんの趣味は何ですか？（　　　　　　　）

練習2 もう1度音声を聞いて（　）の中を埋めてみましょう。

안녕하세요.

저는（①　　　　　　　）라고 합니다.（②　　　　　　　）이에요.

저는（③　　　　　　　）이에요.　취미는（④　　　　　　　）예요.

만나서 반가워요.

062

書いてみよう

日本語を韓国語にしてみましょう。※下線部は自分のことを入れ替えてもOKです。

こんにちは。　①＿＿＿＿＿＿＿＿＿＿

私は佐藤りなです。日本人です。　②＿＿＿＿＿＿＿＿＿＿

私はネイリストです。趣味はヨガです。　③＿＿＿＿＿＿＿＿＿＿

お会いできてうれしいです。　④＿＿＿＿＿＿＿＿＿＿

単語

063

☐ 파스타 パスタ　☐ 비빔국수 ビビムククス（混ぜ素麺）　☐ 오늘 今日　☐ 저녁밥 夕ご飯　☐ 간식 間食

☐ 이름 名前　☐ 집 家　☐ 부산 プサン（釜山、地名）　☐ 직업 職業　☐ 취미 趣味　☐ 스키 スキー

☐ 테니스 テニス　☐ 요가 ヨガ　☐ 네일리스트 ネイリスト

その他のボキャブラリー

職業 064

간호사
看護師

미용사
美容師

보육사
保育士

교사
教師

은행원
銀行員

야구선수
野球選手

축구선수
サッカー選手

아나운서
アナウンサー

웹툰작가
ウェブトゥーン作家

프로게이머
プロゲーマー

번역가
翻訳家

통역사
通訳

趣味 065

댄스
ダンス

쇼핑
ショッピング

테니스
テニス

노래
歌

뮤지컬 감상
ミュージカル鑑賞

호캉스
ホカンス
*ホテルでバカンス

맛집투어
グルメツアー

다꾸(다이어리 꾸미기)
手帳飾り

관엽식물 재배
観葉植物栽培

홈트(홈 트레이닝)
自宅トレーニング

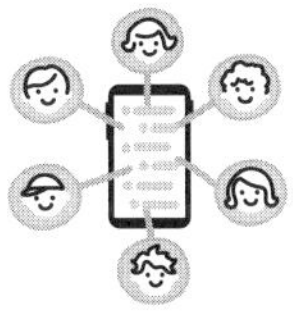
에스엔에스
SNS

캘리그라피
カリグラフィー

第6課

今時間がありません。

지금 시간이 없어요.

学習目標：① ~가/이 ～が
② 있어요./없어요.「ある」「ない」の表現
③ ~도 ～も

スキット

聞いてみよう 066 ノーマルスピード

윤 기 ① 카카오톡 ID **있어요**?

레이나 ② 네. 있어요. 라인 ID**도 있어요**.

윤 기 ③ 이거 제 QR코드예요.

레이나 ④ 아, 근데 지금 시간**이 없어요**.

윤 기 ⑤ 그럼, 이거. 제 명함이에요.

레이나 ⑥ 고마워요. 안녕히 가세요.

윤 기 ⑦ 레이나 씨, 꼭 연락 주세요.

ユンギ ① カカオトークのID、ありますか？
レイナ ② はい、あります。LINEのIDもありますよ。
ユンギ ③ これ、私のQRコードです。
レイナ ④ あ、でも、今時間がありません。
ユンギ ⑤ じゃあ、これ。私の名刺です。
レイナ ⑥ ありがとう。さようなら。
ユンギ ⑦ レイナさん、ぜひ連絡ください。

067

▪ 카카오톡	カカオトーク	▪ 제(←저의)	私の	▪ 없어요	ありません
▪ ID[아이디]	SNSなどのID	▪ QR[큐알]코드	QRコード	▪ 그럼	じゃあ
▪ 있어요(?)	あります(か?)	▪ 근데(←그런데)	でも	▪ 명함	名刺
▪ 라인	LINE	▪ 지금	今	▪ 꼭	必ず、ぜひ
▪ ~도	～も（助詞）	▪ 시간	時間	▪ 연락 주세요	連絡ください
▪ 이거	これ	▪ ~가/이	～が（助詞）		

● 声に出して読んでみよう♪ ●

068
ゆっくりめ

★ステップ1、★ステップ2に留意して練習しましょう。

윤 기 ① 카카오톡 ID있어요《[아이디][이써요]》?

레이나 ② 네. 있어요《[이써요]》. 라인 ID《[아이디]》도 있어요《[이써요]》.

윤 기 ③ 이거 제 QR코드《[큐알코드]》예요.

레이나 ④ 아, 근데 지금 시간이《[시가니]》 없어요《[업써요]》.

윤 기 ⑤ 그럼, 이거. 제 명함이에요《[명하미에요]》.

레이나 ⑥ 고마워요. 안녕히 가세요.

윤 기 ⑦ 레이나 씨, 꼭 연락《[열락]》 주세요.

● スキットの解説 ●

① 카카오톡：コミュニケーションアプリと言えば、日本ではLINEが主流ですが、韓国では카카오톡が主流です。トーク以外にもマップ、タクシーなどのアプリもあります。카카오톡は略して카톡または톡とも言います。

③ QR코드：QRは［큐알］と読みます。［큐아루］と発音しないように気を付けましょう。
［코드］も［코~도］のように伸ばさないようにしましょう。

⑥ 고마워요：「ありがとう」の意味のあいさつで中でもカジュアルな表現です。かしこまった場面では「고맙습니다」、よりフォーマルな場面では「감사합니다」を用います。 親しい間柄では「고마워. 고맙다」などが使われます。

＊안녕히 가세요：別れる際の「さようなら」で、立ち去る人に対して言います。逆に立ち去るが残る人にあいさつするときは「안녕히 **계세요**」と言います。

⑦ 주세요は「ください」と欲しいものを端的に要求するフレーズです。「食堂で注文」する場合などでよく使います。

例 김치 주세요. キムチください。 불고기 주세요. 焼肉ください 。

スキットのように「連絡をお願いする」場合も使います。

例 전화 주세요. 電話ください。

※前にくる単語末のパッチムによって「チュセヨ」と聞こえたり、「ジュセヨ」と聞こえたりします。
（p.114 参照）

ポイントレッスン

1　~가/이　~が（助詞）　＊主格を表す助詞　069

前にくる単語末にパッチムがない場合は「-가」、ある場合は「-이」がつきます。

※単語末のパッチムは이の「ㅇ」のところに移って発音されます。

例 시계가 時計が　/　볼펜이［볼페니］ボールペンが

※시계は［시게］と発音します。

練習 つぎの（　）の中の正しい方に○をつけてよんでみましょう。　070

① 일(가/이)　② 약속(가/이)　③ 자전거(가/이)

④ 주스(가/이)　⑤ 시간(가/이)　⑥ 수업(가/이)

2　~가/이 있어요.　~があります／います　071
~가/이 없어요.　~がありません／いません

※있어요は［이써요］、없어요は［업써요］と発音します。

例 친구가 있어요. 友だちがいます。　애인이 없어요. 恋人がいません。

자리가 있어요. 席があります。　티켓이 없어요. チケットがありません。

있어요/없어요の文末を上げ気味で発音すると疑問文になります。書くときは「?」をつけます。

있어요?/없어요?

※会話では~가/이が省略される場合もあります。

카카오톡 ID 있어요？カカオトークのIDありますか？

練習1 例のように「~가/이 있어요./없어요.」の文を作ってみましょう。　072

例 교통카드 → 교통카드가 있어요. / 교통카드가 없어요.

① 고양이　：＿＿＿＿＿＿＿＿＿＿

② 티켓　：＿＿＿＿＿＿＿＿＿＿

③ 지우개　：＿＿＿＿＿＿＿＿＿＿

④ 여동생　：＿＿＿＿＿＿＿＿＿＿

⑤ 숙제　：＿＿＿＿＿＿＿＿＿＿

⑥ 아르바이트　：＿＿＿＿＿＿＿＿＿＿

単語　073

□ 일 仕事　□ 약속 約束　□ 자전거 自転車　□ 주스 ジュース　□ 시간 時間　□ 수업 授業
□ 교통카드 交通カード（T-money[티머니]とも言います。）□ 고양이 猫　□ 티켓 チケット
□ 지우개 消しゴム　□ 여동생 妹　□ 숙제 宿題　□ 아르바이트 アルバイト

練習2 例のように下の囲みの中から語句を選び「あります、ありません」と言ってみましょう。 074

자전거	우산	돈	남자 친구	여자 친구	이	가	있어요	없어요

例 
① 
② 
③ 
④ 

例 자전거가 있어요.　自転車があります。

① ________________

② ________________

③ ________________

④ ________________

※남자 친구と여자 친구は「남친」、「여친」のように略して使う場合もあります。

プラスでお得！

~에 ~가/이 있어요.　～に～があります　075

※에は場所や時を表す「～に」という助詞です。

前にくる単語末にパッチムがあってもなくても「에」を使います。

학교에 도서관이 있어요.　　오전에 아르바이트가 있어요.

学校に図書館があります。　　午前（に）アルバイトがあります。

練習3 例のように質問に答えてみましょう。 076

例
A：편의점에 김치가 있어요? (×)
B：아니요. 편의점에 김치가 없어요.

A：편의점에 물이 있어요? (○)
B：네. 편의점에 물이 있어요.

① A：메뉴에 돈가스가 있어요? (○)

B：________________

② A：학교에 편의점이 있어요? (×)

B：________________

③ A：집에 마당이 있어요? (○)

B：________________

④ A：방에 텔레비전이 있어요? (×)

B：________________

単語 077

□우산 傘　□돈 お金　□남자 친구 彼氏　□여자 친구 彼女　□편의점[펴니점] コンビニ　□물 水
□메뉴 メニュー　□돈가스 とんかつ　□집 家　□마당 庭　□방 部屋　□텔레비전 テレビ

3 ~도　～も（助詞）

078

※前にくる単語末にパッチムがあってもなくても도を使います。

例 핸드폰도 ケータイも / 와이파이도 wifiも

※パッチムによって［또］と発音される場合もあります。

例 노트북도［노트북또］、지갑도［지갑또］、옷도［옫또］

練習1 絵を見て質問に答えてみましょう。　079

① 가방에 뭐가 있어요?（2つ言ってみましょう）

② 모자도 있어요?

③ 노트북도 있어요?

練習2 次の質問に答えてみましょう。(*뭐가何が, 누가誰が)　080

例 A가/이 있어요. B가/이 있어요. C도 있어요.

① 편의점에 뭐가 있어요? (우유, 빵, 복사기)

____________　____________　____________

② 약국에 뭐가 있어요? (감기약, 마스크, 멀미약)

____________　____________　____________

③ 집에 누가 있어요? (오빠, 여동생, 남동생)

____________　____________　____________

④ 학교에 누가 있어요? (선생님, 학생, 친구)

____________　____________　____________

やってみよう　友達に聞いたり答えてみましょう。

081

質問に네（はい）や아니요（いいえ）を用いて答えてみましょう。

① 한국 친구가 있어요?　：________________

② 형제가 있어요?　：________________

③ 좋아하는 아이돌이 있어요?　：________________

④ 취미가 있어요? 뭐예요?　：________________

単語

082

□교과서 教科書　□물 水　□지갑 財布　□옷 服　□핸드폰 携帯電話　□우산 傘　□가방 カバン
□모자 帽子　□노트북 ノートパソコン　□뭐가 何が　□누가 誰が　□우유 牛乳　□빵 パン
□복사기 コピー機　□약국 薬局　□감기약 風邪薬　□마스크 マスク　□멀미약 酔い止め薬
□선생님 先生　□형제 兄弟　□좋아하는 好きな　□아이돌 アイドル　□취미 趣味　□뭐 何

聞いて答えてみよう

練習1 音声を聞いて下の囲みの中にあるものを選んで○で囲んでみましょう。 083

練習2 もう1度音声を聞いて（　）を埋めてみましょう。 083

여기는 제 방이에요.　　ここは私の部屋です。

①（　　　　）가 있어요.　　ベッドがあります。

②（　　　　）이 있어요.　　机があります。

③（　　　　）도 있어요.　　自転車もあります。

④ 텔레비전은（　　　　）.　　テレビはありません。

書いてみよう

日本語を韓国語にしてみましょう。 084

① ここは弟の部屋です。 ____________________

② ソファーがあります。 ____________________

③ ゲーム機があります。 ____________________

④ 洗濯物もあります。 ____________________

⑤ 今、弟はいません。 ____________________

※「弟の部屋」→ 助詞「の」は「의」ですが、ここでは省略可能です。

※自分の部屋について、あるもの、ないものを書いてみましょう。

単語 085

□ 침대 ベッド　□ 책상 机　□ 텔레비전 テレビ　□ 남동생 弟　□ 소파 ソファー　□ 게임기 ゲーム機
□ 빨래 洗濯物　□ 자전거 自転車　□ 노트북 ノートパソコン　□ 지금 今

第7課

今何をしていますか?

지금 뭐 해요?

学習目標：① 해요. します.　名詞＋해요. ～します、～です
② ~하고 ～と
③ ~에서 만나요. ～で会いましょう.

スキット

聞いてみよう 086 ノーマルスピード

레이나 ① 윤기 씨? 지금 뭐 **해요**?

윤 기 ② 아, 레이나 씨. 웬일이에요?

레이나 ③ 쇼핑 좀 도와주세요. 방에 커튼이 **필요해요**.

윤 기 ④ 그래요? 또 뭐가 **필요해요**?

레이나 ⑤ 젓가락**하고** 물컵, 쓰레기봉투도 없어요.

윤 기 ⑥ 지금 갈게요. 같이 쇼핑해요.

레이나 ⑦ 고마워요. 이마트 앞**에서 만나요**.

レイナ ① ユンギさん?　今、何をしていますか?
ユンギ ② あ、レイナさん。どうしましたか?
レイナ ③ ショッピングをちょっと手伝ってください。部屋にカーテンが必要です。
ユンギ ④ そうですか。ほかに何が必要ですか?
レイナ ⑤ 箸とコップ、ごみ袋もありません。
ユンギ ⑥ 今行きます。いっしょに買い物しましょう。
レイナ ⑦ ありがとう。イーマートの前で会いましょう。

087

- 웬일[웬닐]　どうしたこと。何ごと
- 지금　今
- 뭐　何（←무엇の縮約形）
- 해요?　していますか?
- 도와주세요.　手伝ってください.
- 쇼핑해요.　買い物（ショッピング）しましょう.
- 그래요?　そうですか?
- 또　また、もっと
- 방　部屋
- 커튼　カーテン
- 필요해요.　必要です.
- 젓가락　お箸
- ~하고　～と（助詞）
- 물컵　コップ
- 쓰레기봉투　ゴミ袋
- 갈게요.　行きます.
- 같이[가치]　いっしょに
- 이마트　「e-Mart」（マートの名称）
- 앞에서　앞前+에서で
- 만나요.　会いましょう.

● 声に出して読んでみよう ♪ ●

088 ゆっくりめ

레이나 ① 윤기 씨? 지금 뭐 해요?

윤 기 ② 아, 레이나 씨. 웬일이에요《[웬니리에요]》?

레이나 ③ 쇼핑 좀 도와주세요. 방에 커튼이《[커트니]》 필요해요《[피료해요]》.

윤 기 ④ 그래요? 또 뭐가 필요해요《[피료해요]》?

레이나 ⑤ 젓가락하고《[전까라카고]》 물컵, 쓰레기봉투도 없어요《[업써요]》.

윤 기 ⑥ 지금 갈게요《[갈께요]》. 같이《[가치]》 쇼핑해요.

레이나 ⑦ 고마워요. 이마트 앞에서《[아페서]》 만나요.

● スキットの解説 ●

① 여보세요：見知らぬ人や電話で相手に呼びかけるときに用いる「もしもし」。
해요?：しますか？していますか？　「します」「しています」は해요.

② 웬일：'웬' は「どういう、なんという」の意味で、웬 선물？(なんのプレゼント?)、웬 돈？(なんのお金?)など予想外のことが起きたときに用います。

③ 좀 도와주세요：お願いする際に좀を入れると「すみませんが」「ちょっと」という意味が加わり、より丁寧なニュアンスを伝えることができます。
커튼：[카〜텐] のように伸ばして発音しないように注意しましょう。

⑤ 쓰레기봉투：1995年から指定のゴミ袋を購入することになりました。地域によって異なります。サイズは5、10、20、30、50、70リットルがあります。種類も一般ゴミ用とリサイクルゴミ用、生ごみ用などがあります。

⑥ 갈게요：「가다 (行く)＋-ㄹ/을게요」。語尾の「-ㄹ/을게요」は話し手が自分がこれからすることを相手に約束するニュアンスの「〜しますね」「〜しますよ」という意味ですが、日本語訳は「〜します」でOKです。(→p.88課参照)

⑦ 이마트 앞：「e-Mart」の前。マートとは「大型スーパーマーケット」のことです。場所名詞の後の「の」にあたる助詞「의」は不要です。이마트의 앞 (×)
만나요：만나다 (会う) の「です・ます形」です。「会います」「会いましょう」という意味になります。
(→第9課参照)

● ポイントレッスン ●

1 해요. します.

089

해요は「します」という意味です。「しますか?」は「?」をつけて文末を上げて「해요?」と言います。文末の抑揚によっては「しましょう」という意味にもなります。

※해요(します)は、**하다**(する)という形で辞書にのっています。用言(動詞や形容詞など)が辞書にのっている形を**基本形**(辞書形・原形)と言います。

하다(基本形:する)→ 해요.(です・ます形:します.)

❖ -하다がつく動詞

名詞に -하다がついて「〜する」という動詞になるものがあります。

운동하다(運動する)→ 운동해요　運動します.

요리하다(料理する)→ 요리해요?　料理しますか?

쇼핑하다(買い物する)→ 쇼핑해요.　買い物しましょう.

❖ -하다がつく形容詞

名詞に -하다がついて形容詞になるものもあります。

필요하다(必要だ)→ 필요해요.　必要です.

※하다用言(動詞・形容詞)は하다を해요に変えるだけで、「〜です」「〜ます」に当たる丁寧な文体になります。この丁寧な文体を「**해요体**」と言います。

練習1 次の動詞や形容詞を해요体に直してみましょう。　090

① 세수하다　② 화장하다　③ 일하다

④ 아르바이트하다　⑤ 유명하다(形)　⑥ 친절하다(形)

練習2 例のように会話を完成させましょう。　091

例 A : 지금 뭐 해요?　B : 공부해요.
今何をしますか?　勉強します。

① 
A : 지금 뭐 해요?
B : (세수하다) ____________

② 
A : 지금 뭐 해요?
B : (화장하다) ____________

③ 
A : 지금 뭐 해요?
B : (쇼핑하다) ____________

④ 
A : 지금 뭐 해요?
B : (운동하다) ____________

単語　092

□ 세수하다 顔を洗う　□ 화장하다 化粧する　□ 일하다 仕事する　□ 아르바이트하다 アルバイトする
□ 쇼핑하다 買い物する　□ 운동하다 運動する　□ 形 유명하다 有名だ　□ 形 친절하다 親切だ

練習3 次の単語を使って家族が今何をしているのか言ってみましょう。 093

아버지	어머니	나	남동생	요리하다	파마하다	야구하다	는/은

例

①

②

③

아버지는 청소해요.　＿＿＿＿　＿＿＿＿　＿＿＿＿

2 ~하고　～と（助詞） 094

「하고」は日本語の「と」と同じような助詞で、単語末のパッチムの有無に関係なく使います。

例 숟가락하고 젓가락（スプーンと箸）/ 베개하고 이불（枕と布団）

※하고は直前の文字のパッチムによって［카고, 타고, 파고］と発音される場合があります。

例 숟가락하고［숟까라카고］　밥그릇하고［밥끄르타고］　밥하고［바파고］

練習1 「하고」で前後の名詞をつなげてみましょう。 095

① 침대 / 소파　：＿＿＿＿＿＿＿＿

② 밥그릇 / 국그릇　：＿＿＿＿＿＿＿＿

③ 슬리퍼 / 방석　：＿＿＿＿＿＿＿＿

④ 비누 / 샴푸　：＿＿＿＿＿＿＿＿

練習2 絵を見て次の質問に「하고」を使って答えてみましょう。 096

例

①

②

③

例 뭐가 있어요?(스테이크/맥주)　스테이크하고 맥주가 있어요.
何がありますか？　ステーキとビールがあります。

① 뭐가 있어요?(카드/영수증)　＿＿＿＿＿＿＿＿

② 뭐가 있어요?(강아지/나무)　＿＿＿＿＿＿＿＿

③ 뭐가 있어요?(물/콜라)　＿＿＿＿＿＿＿＿

単語 097

□ 아버지 お父さん　□ 청소하다 掃除する　□ 어머니 お母さん　□ 나 わたし　□ 남동생 弟
□ 파마하다 パーマをかける　□ 야구하다 野球する　□ 침대 ベッド　□ 소파 ソファー　□ 밥그릇 茶碗
□ 국그릇 汁椀　□ 슬리퍼 スリッパ　□ 방석 座布団　□ 비누 石鹸　□ 샴푸 シャンプー　□ 스테이크 ステーキ
□ 맥주 ビール　□ 카드 カード　□ 영수증 レシート　□ 강아지 子犬　□ 나무 木　□ 물 水　□ 콜라 コーラ

3 ~에서 만나요.　~（場所）で会いましょう.

「만나요」は「만나다 会う」の**해요体**です。※ここでは表現として覚えておきましょう。

~에서は動作が行われる場所を示す助詞の「〜で」です。

練習　「（場所）で会いましょう」と言ってみましょう。　098

① 역　：＿＿＿＿＿＿＿＿　② 백화점　：＿＿＿＿＿＿＿＿

③ 공항　：＿＿＿＿＿＿＿＿　④ 스타벅스　：＿＿＿＿＿＿＿＿

知って お得!　位置を表す言葉

099

※「駅の前」の場合、「の」にあたる助詞は不要！역 앞でOK

※입구 入口、로비 ロビーなどの場合も同様。　例 호텔 로비 ホテルのロビー

例 駅前で会いましょう。역 앞에서 만나요.

100

やってみよう　韓国に住んでいる友達と待ち合わせする場所を選んで言ってみましょう。

세종대왕 동상 앞 世宗大王銅像の前	서울 타워 아래 ソウルタワーの下
개찰구 옆 改札口の横	교보문고 안 教保文庫の中

①

②

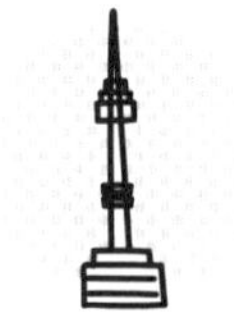

③

④

単語

101

□역 駅　□백화점 デパート　□공항 空港　□스타벅스 スターバックス　□앞 前　□옆 横　□뒤 後ろ
□위 上　□아래 下　□오른쪽 右　□왼쪽 左　□안 中　□밖 外
※교보문고 教保文庫：韓国を代表する大型書店

聞いて答えてみよう

練習1 音声を聞いて質問に韓国語で答えてみましょう。 102

① 週末に何をしますか? 103

② 友だちとどこで会いますか?

③ 買い物リストに該当しないものを選びましょう

a. 젓가락　　b. 숟가락　　c. 냄비　　d. 텐트

練習2 もう一度音声を聞いて（　）を埋めてみましょう。 102

① (　　　　)에 캠핑해요.　　週末、キャンプします。

② 그런데 젓가락(　　　　) 냄비가 없어요.　　ところでお箸と鍋がありません。

③ 친구하고 시부야에서 (　　　　).　　友達と渋谷で会います。

④ (　　　　) 쇼핑해요.　　一緒に買い物します。

⑤ 아! 텐트도 (　　　　).　　あ！テントも必要です。

書いてみよう

日本語を韓国語にしてみましょう。 104

① 週末にパーティーをします。 ______________________

② ところでビールとつまみがありません。 ______________________

③ 友達とスーパーで会います。 ______________________

④ 一緒に買い物します。 ______________________

⑤ あ！風船も必要です。 ______________________

単語 105

☐ 주말 週末　☐ 캠핑하다 キャンプする　☐ 젓가락 お箸　☐ 숟가락 スプーン　☐ 냄비 鍋　☐ 같이 一緒に
☐ 텐트 テント　☐ 필요하다 必要だ　☐ 파티 パーティー　☐ 그런데 ところで　☐ 맥주 ビール　☐ 안주 つまみ
☐ 슈퍼 スーパー（슈퍼마켓の略称）　☐ 아 あ！　☐ 풍선 風船

まとめの練習問題1

練習1 音声を聞いて韓国語の単語を書き入れてみましょう。 106

〈家族〉

① 아□□	② 어□□	③ ㄴ	④ □□생

〈職業〉

① 만□□	② 기□	③ □용□	④ □□사
⑤ □튜□			

〈場所〉

① □국	② ㅇ	③ □화□	④ □항
⑤ 슈□			

練習2 次の人になって自己紹介してみましょう。 107

例 사토 아키에 / 일본 사람 / 선생님 → 저는 사토 아키에예요. 私は佐藤あきえです。
일본 사람이에요. 日本人です。
선생님이에요. 先生です。

① 김미선 / 한국 사람 / 학생

____
____
____

② 히데키 / 일본 사람 / 미용사

____
____
____

練習3 会話を完成してみましょう。 108

例 A：회사원이에요? 会社員ですか？ B：네. 회사원이에요. はい。会社員です。
A：회사원이에요? B：아니요. 회사원이 아니에요. いいえ。会社員ではありません。

① A：아버지예요? B：네. ________________

② A：남동생이에요? B：아니요. ________________

単語 109

□어머니 母 □아버지 父 □나 私 □남동생 弟 □만화가 漫画家 □기자 記者 □미용사 美容師 □요리사 調理師 □유튜버 ユーチューバー □약국 薬局 □역 駅 □백화점 デパート □공항 空港 □슈퍼 スーパー □일본 사람 日本人 □선생님 先生 □한국 사람 韓国人 □학생 学生 □회사원 会社員 □남자 친구 彼氏

練習4 絵を見て文を作ってみましょう。 110

例 의자가 있어요. (椅子があります。)　텔레비전이 없어요. (TVがありません。)

① (침대) ______________________

② (시계) ______________________

③ (책상) ______________________

④ (사람) ______________________

練習5 例のように書いてみましょう。 111

例 식당 / 빵 / 오므라이스 / 파스타

식당에 빵이 있어요. 오므라이스가 있어요. 파스타도 있어요.

食堂にパンがあります。オムライスがあります。パスタもあります。

① 디즈니랜드 / 미키마우스 / 도널드덕 / 미니마우스

____

② 파우치 / 립스틱 / 거울 / 핸드크림

____

練習6 次の用言をヘヨ体に直してみましょう。 112

① 운동하다 (動) : ______________　② 메일하다 (動) : ______________

③ 조용하다 (形) : ______________　④ 필요하다 (形) : ______________

練習7 次の場所で会う約束をしてみましょう。 113

例 (미술관) 미술관에서 만나요.

美術館で会いましょう。

① (쇼핑몰) ______________________

② (공원) ______________________

単語 114

□ 침대 ベッド　□ 시계 時計　□ 책상 机　□ 식당 食堂　□ 빵 パン　□ 파스타 パスタ

□ 오므라이스 オムライス　□ 파우치 ポーチ　□ 립스틱 リップスティック　□ 거울 鏡

□ 핸드크림 ハンドクリーム　□ 운동하다 運動する　□ 메일하다 メールする　□ 조용하다(形) 静かだ

□ 필요하다(形) 必要だ　□ 미술관 美術館　□ 쇼핑몰 ショッピングモール　□ 공원 公園

助詞・疑問詞・こそあど

助詞

助詞	直前の文字にパッチムがない	直前の文字にパッチムがある
は	는	은
が	가	이
を	를	을
と	와, 하고, 랑	과, 하고, 이랑
へ	로	으로*
(手段・材料)で	로	으로*
(人数)で	서	이서
や、か	나	이나

*ㄹパッチムのときは로

助詞	パッチム関係ない
の	의
も	도
(時間・場所)に	에
(場所)で	에서
(時間)から	부터
(場所)から	에서
まで	까지
人に	에게, 한테
人から	에게서, 한테서
より	보다

*日本語と助詞が一致しない例

115

~に会う　-를/을 만나다

~に乗る　-를/을 타다

~が好きだ・嫌いだ　-를/을 좋아하다 · 싫어하다

~になる　-가/이 되다

~が上手だ・下手だ　-를/을 잘하다 · 못하다

※牛乳가好きです。違うよ。牛乳를好きです

疑問詞

いくつ　몇

いくら　얼마

どのくらい　얼마나

いつ　언제

どこ　어디

だれ　누구

なに　무엇(뭐)

なぜ　왜

どのように　어떻게

どこで　어디서

だれが　누가

何を　무엇을(뭘, 뭐)

何の　무슨

どの　어느

どのようにして　어떤

どうして　어째서, 왜

こそあど言葉

「この曲」「そのかばん」「あの人」「どの国」のように、韓国語にも「こそあど」があります。

＊(　　)の中は元の形で、書き言葉で使います。

この	その	あの	どの
이	그	저	어느
これ	それ	あれ	
이거(이것)	그거(그것)	저거(저것)	
これは	それは	あれは	
이거는(이것은)	그거는(그것은)	저거는(저것은)	
これが	それが	あれが	
이게(이것이)	그게(그것이)	저게(저것이)	
ここ	そこ	あそこ	どこ
여기	거기	저기	어디

※이거는/그거는/저거는は、話し言葉ではさらに縮約して이건/그건/저건と言います。

116

이거

이건 제 사과예요.

これは私のリンゴです。

그거

그건 누구 사과예요?

それは誰のリンゴですか？

저거

저건 진짜 사과예요?

あれは本物のリンゴですか？

여기

여기는 안전해요.

ここは安全です。

거기

거기는 위험해요.

そこは危険です。

저기

저기는 어디예요?

あそこはどこですか？

第8課

メニューがほんとうに多いですね。

메뉴가 진짜 많아요.

学習目標：①「해요体」の作り方（1）
　　　　　② 안+用言 ～しない（否定の表現）

スキット

聞いてみよう 117 ノーマルスピード

레이나 ① 메뉴가 진짜 **많아요**. 맛있겠다!

선 우 ② 레이나는 뭐가 **좋아요**?

레이나 ③ 제육볶음, 이거 **매워요**?

선 우 ④ 별로 **안** 매워요. **맛있어요**.

레이나 ⑤ 선배는 뭐가 **좋아요**?

선 우 ⑥ 제육볶음 같이 **먹어요**.

⑦ 여기 추천메뉴예요.

レイナ ① メニューがほんとうに多いですね。おいしそう！
ソンウ ② レイナは何が好きですか？
レイナ ③ チェユクポックム、これ辛いですか？
ソンウ ④ それほど辛くありません。おいしいですよ。
レイナ ⑤ 先輩はどれが好きですか？
ソンウ ⑥ チェユクポックムいっしょに食べましょう。
⑦ こちらのおすすめメニューです。

118

- 메뉴　メニュー
- 진짜　ほんとうに
- 많아요　多いです（←많다）
- 와!　わぁ～
- 다　全部
- 맛있겠다　美味しそう（←맛있다）
- 좋아요(?)　いいです。いいですか。
- 제육볶음　ピリ辛の豚肉炒め
- 이거　これ
- 매워요　辛いです。
- 별로　別に
- 안 -아/어요　～ません
- 맛있어요　美味しいです（←맛있다）
- 선배　先輩
- 같이[가치]　いっしょに
- 먹어요　食べましょう（←먹다）
- 여기　ここ
- 추천메뉴　おすすめメニュー

声に出して読んでみよう♪

119 ゆっくりめ

レイナ《》

레이나 ❶ 메뉴가 진짜 많아요《[마나요]》. 맛있겠다《[마싣껟따]》.

선 우 ❷ 레이나는 뭐가 좋아요《[조아요]》?

레이나 ❸ 제육볶음《[제육뽀끔]》, 이거 매워요?

선 우 ❹ 별로 안 매워요. 맛있어요《[마시써요]》.

레이나 ❺ 선배는 뭐가 좋아요《[조아요]》?

선 우 ❻ 제육볶음《[제육뽀끔]》 같이《[가치]》 먹어요《[머거요]》.

❼ 여기 추천메뉴예요.

スキットの解説

❶ 맛있겠다：「-겠-」は、ここでは推量を表す補助語幹です。

例 좋겠다 いいなあ～ / 피곤하겠다 疲れているでしょう。

❷ 뭐가 좋아요?：좋아요の「좋다（よい）」の해요体です。좋다は「-이/가 좋다」の形で使われます。뭐가は무엇이（何が）の縮約形です。

❸ 제육볶음：「ピリ辛の豚肉炒め」でご飯が進む一品です。またお酒が好きな人にはおつまみとしても人気のメニューです。

＊매워요?：맵다辛いの해요体です。変則活用をするのでここでは表現として覚えておきましょう。（p.98参照）

❹ 별로：「それほど、あまり」。後ろには否定的な内容が来ます。

맛있어요：「おいしいです」。反対に「おいしくない」と言いたい場合は맛없어요. [마덥써요] と言います。

❻ 추천메뉴：「おすすめメニュー」という意味です。'추천' は「推薦」という意味ですが、추천の代わりに「시그니처 シグネチャー（その店を代表するもの、看板となるもの）」という表現もよく耳にします。

例 이 가게의 시그니처 커피예요. この店のシグネチャーコーヒーです。

ポイントレッスン

1 해요体のつくり方（1）子音語幹の場合

120

❖基本形と語幹

用言を活用させるときに大切なのが**基本形**と**語幹**です。

辞書に載っている形の**基本形**はすべて -다で終わっています。基本形から **-다を取った部分**を**語幹**と言います。

基本形

食べる　먹다

語幹（語幹の最後にパッチム（子音）があるので**子音語幹**と言います）

❖해요体とは

今まで学んだ**있어요**（あります、います）や**해요**（します）など、**形が -요で終わる丁寧な文体**のことを**해요体**と言います。**해요体**は丁寧でありながらも**フレンドリーな感じの「です・ます」形**です。

・해요体の作り方：子音語幹の場合

① 語幹の最後の母音が「ㅏ/ㅗ」の場合、語幹に -아요 をつけます．※「ㅑ」の場合も同様

살다　住む　→　살＋아요　→ 살아요　住みます

좋다　いい　→　좋＋아요?　→ 좋아요?　いいですか？

② 語幹の最後の母音が「ㅏ/ㅗ以外」の場合 -어요をつけます。

먹다　食べる →　먹＋어요?　→ 먹어요?　食べますか？

읽다　読む　→　읽＋어요　→ 읽어요　読みます

※動詞の**해요体**の場合、平叙、疑問、命令、勧誘は同じ形です。

例 먹어요 (?)　食べます．食べますか？　食べてください．食べましょう．

練習1 次の用言を해요体にしてみましょう。

121

① 씻다 洗う

② 찍다 撮る

③ 놀다 遊ぶ

④ 만들다 作る

⑤ 받다 もらう

⑥ 알다 知る

⑦ 앉다 座る

⑧ 많다 多い

⑨ 멀다 遠い

⑩ 입다 着る

練習2 例のように会話を完成させましょう。 122

例  A : 지금 뭐 해요?　今何をしますか?

B : 냉면을 먹어요.　冷麺を食べます。

①  A : 지금 뭐 해요?

B : ____________________

(책을 읽다)

②  A : 지금 뭐 해요?

B : ____________________

(사진을 찍다)

③  A : 지금 뭐 해요?

B : ____________________

(불고기를 만들다)

④  A : 지금 뭐 해요?

B : ____________________

(손을 씻다)

知ってお得!

助詞の「〜を」は直前の文字にパッチムがないときは「를」、あるときは「을」になります。

구두를 신어요.　靴を履きます。

냉면을 먹어요.　冷麺を食べます

※会話では「를」「을」を省略することもしばしばあります。

例 주소 알아요?　住所知ってますか? 123

2 안＋用言〜しない《否定表現》 124

否定文を作るときは用言の前に「안」をつけて否定の意味を表します。ただし、공부하다のような「하다動詞」の場合は하다の前に「안」を置くので気をつけましょう。

例 먹어요 → 안 먹어요　食べません / 공부해요 → 공부 안 해요　勉強しません

※좋아해요（好きです）は안 좋아해요（好きではありません）になります。

練習1 絵を見て質問に答えてみましょう。 125

① 고기 먹어요?

네. ______________

아니요. ______________

② 김치 만들어요?

네. ______________

아니요. ______________

③ 공포영화 좋아해요?

네. ______________

아니요. ______________

④ 발가락 양말 신어요?

네. ______________

아니요. ______________

単語 126

□사진 写真　□고기 肉　□만들다 作る　□김치 キムチ　□공포영화 ホラー映画

□발가락 양말 五本指靴下　□신다 履く

もう一つの否定表現にも注目！

127

否定表現を作る際、用言の語幹に-지 않다をつける方法もあります。

例 맵다（辛い） → 맵＋지 않다 → 맵지 않아요．辛くありません。

들리다（聞こえる） → 들리＋지 않다 → 들리지 않아요．聞こえません。

※안を用いる否定形よりはややていねいなニュアンスがあります。

않아요は［아나요］とよむよ！

練習2 「指示にしたがって안または-지 않다を使って해요体の否定文を作ってみましょう。 128

① 생선을 ______________________.
좋아하다【안を使って】

② 회사가 ______________________.
멀다【-지 않다を使って】

③ 오늘은 날씨가 ______________________.
좋다【안を使って】

④ 한국어는 ______________________.
어렵다【-지 않다を使って】

やってみよう

練習1 下線部を해요体に直して訳してみましょう。 129

점심은 언제나 친구하고 먹다.	→	점심은 언제나 친구하고 ______________.
근처에 냉면가게가 있다.		근처에 냉면가게가 ______________.
그 가게는 인기가 많다.		그 가게는 인기가 ______________. [마나요]
토요일은 자리가 별로 없다.		토요일은 자리가 별로 ______________.

練習2 線で結んで해요体にして文を完成してみましょう。 130

例 금요일에 제 생일 파티가 　있어요　 ・ ―― ・ 있다
金曜日に私の誕生日パーティーがあります。

※제は저의（私の）の縮約形です。

① 친구들하고 같이 파티를 ______________ ・　　・ 하다

② 저는 한복을 ______________ ・　　・ 있다

③ 남자 친구가 음식을 ______________ ・　　・ 받다

④ 선물도 많이 ______________ ・　　・ 찍다

⑤ 사진도 많이 ______________ ・　　・ 입다

・ 만들다

単語

131

□생선 魚 □좋아하다 好きだ □회사 会社 □멀다 遠い □오늘 今日 □날씨 天気 □한국어 韓国語 □어렵다 難しい □점심 昼、昼ご飯 □언제나 いつも □근처 近所 □냉면 冷麺 □가게 店 □인기 人気 □자리 席 □별로 あまり（～ない） □토요일 土曜日 □일요일 日曜日 □오늘 今日 □한복 韓服 □음식 食べ物、料理 □선물 プレゼント □많이 たくさん □사진 写真 □입다 着る □찍다 撮る

聞いて答えてみよう

練習1 音声を聞いて質問に韓国語で答えてみましょう。 132

133

① 土曜日の午前（に）は何をしますか？

② 土曜日の午後（に）は何をしますか？

③ 日曜日の昼（に）は誰に会いますか？

練習2 音声を聞いて（　　）をうめてみましょう。 132

① 토요일 오전에는 (　　　　　).	土曜日の午前（に）は宿題します。
② 오후에는 책을 (　　　　　).	午後（に）は本を読みます。
③ 저녁에는 공원에서 강아지하고 (　　　　　).	夕方（に）は公園で犬と遊びます。
④ 일요일 점심에는 친구를 (　　　　　).	日曜日の昼（に）は友達に会います。
⑤ 일요일에는 일 (　　　) (　　　).	日曜日（に）は仕事しません。
⑥ 카페의 테라스 자리에서 점심을 (　　　　　).	カフェのテラス席で昼ご飯を食べます。
⑦ 이번 주는 기분이 아주 (　　　　　).	今週はとても気分がいいです。

◀ 時を表すことば+에（に）▶

134

아침 朝、점심 昼、저녁 晩（夕方）、밤 夜
오전（午前）、오후（午後）
주말 週末
} +에

※ただし、어제 昨日、오늘 今日、내일 明日は에をつけません。

書いてみよう

自分の週末の過ごし方について書いてみましょう。 135

① 土曜日の午後（に）運動します。 ____________________

② 夜（に）は漫画を読みます。 ____________________

③ 遅くまで遊びます。 ____________________

④ 日曜日の朝（に）はパンを食べます。 ____________________

⑤ 日曜日は掃除しません。 ____________________

⑥ 週末は気分がいいです。 ____________________

単語

136

□ 숙제하다 宿題する　□ 책 本　□ 공원 公園　□ 강아지 子犬、犬　□ 일하다 仕事する　□ 카페 カフェ
□ 운동하다 運動する　□ 밤 夜　□ 만화 漫画　□ 늦게까지 遅くまで　□ 빵 パン　□ 청소하다 掃除する
□ 주말 週末　□ 기분 気分

第9課

ミュージカルが好きです。

뮤지컬을 좋아해요.

学習目標：①「해요体」の作り方（2）
② ~를/을 좋아해요「～が好きです」

スキット

윤 기 ① 토요일에 학교에 **가요**?

레이나 ② 네. 스터디가 1시에 **끝나요**. 왜요?

윤 기 ③ 오후에 영화 **볼까요**?

레이나 ④ 저는 영화보다 뮤지컬을 **좋아해요**.

윤 기 ⑤ 그럼 뮤지컬 **봐요**.

레이나 ⑥ 예술의 전당에서 4시 공연이 있네요.

윤 기 ⑦ 그럼 토요일 3시에 공연장 앞에서 **만나요**.

聞いてみよう 137 ノーマルスピード

ユンギ ① 土曜日に学校に行きますか？
レイナ ② はい。勉強会が1時に終わります。なぜですか？
ユンギ ③ 午後、映画を見ませんか？（みましょうか？）
レイナ ④ 私は映画よりミュージカルが好きです。
ユンギ ⑤ じゃあ、ミュージカルみましょう。
レイナ ⑥ 芸術の殿堂で4時の公演がありますね。
ユンギ ⑦ それでは土曜日の3時に会場の前で会いましょう。

138

- 토요일　土曜日
- 학교　学校
- 가요?　行きますか？（←가다）
- 스터디　勉強会
- 1시(한 시)　1時
- 끝나요　終ります（←끝나다）
- 볼까요?　見ましょうか？（←보다）
- 저　私
- ~보다　～より（助詞）
- 뮤지컬　ミュージカル
- 좋아해요　好きです（←좋아하다）
- 그럼　それでは
- 봐요　見ましょう。（←보다）
- 예술의 전당　芸術の殿堂　*劇場の名称
- 4시(네 시)　4時
- 공연　公演
- 있네요[인네요]　ありますね（←있다）
- 3시(세 시)　3時
- 공연장　公演会場、会場
- 만나요　会いましょう（←만나다）

声に出して読んでみよう

139 ゆっくりめ

윤 기 ① 토요일에《[토요이레]》 학교《[학꾜]》에 가요?

레이나 ② 네. 스터디가 1시《[한시]》에 끝나요《[끈나요]》. 왜요?

윤 기 ③ 오후에 영화 볼까요?

레이나 ④ 저는 영화보다 뮤지컬을《[뮤지커를]》 좋아해요《[조아해요]》.

윤 기 ⑤ 그럼 뮤지컬 봐요.

레이나 ⑥ 예술의《[예수레]》 전당에서 4시《[네시]》 공연이《[공여니]》 있네요《[인네요]》.

윤 기 ⑦ 그럼 토요일 3시《[세시]》에 공연장 앞에서《[아페서]》 만나요.

スキットの解説

② 왜요?:「왜+-(이)요」です。「-(이)요」は名詞や助詞、副詞などに付き、文末を丁寧に終わらせる助詞です。例えば「주세요（ください）」の代わりに-(이)요を用いてもOK！

例 여기 비빔밥이요 こちらビビンパ（ください） / 저는 커피요 私はコーヒー（ください）。

③ 볼까요?：보다+-ㄹ/을까요? です。「-ㄹ/을까요? ～ましょうか・～でしょうか」。相手の意志を訪ねたり、一緒に何かをすることを提案したり、相談するときに使います。ここでは表現として覚えておきましょう。→11課参照

④ ~보다：「AよりB」の場合のように、比較する対象を表す助詞です。

例 케이크보다 떡 ケーキよりお餅 / 꽃보다 남자 花より男子

「～が好きです」は「~가/이 좋아해요」ではなく、「~를/을 좋아해요」と言います

例 케이팝이 좋아해요.（×） 케이팝을 좋아해요. K-popが好きです。

⑥ 예술의 전당：韓国最高の複合文化芸術空間です。ソウル市瑞草区にあります。

-네요：新しく知ったこと、聞いたことに対して感嘆の気持ちを述べるとき、相手の話に同意するときなどで使います。 例 맛있다 → 맛있네요［마신네요］おいしいですね。

⑦ 공연장：韓国では公演会場のことを「会場（회장）」とは言わず、공연장と言います。

● ポイントレッスン ●

1 「해요体」の作り方（2） 母音語幹の場合

140

語幹の最後にパッチムがない母音語幹の場合も、子音語幹の場合と同じように、語幹の最後の母音が「ㅏ/ㅗ」の場合、語幹に -아요 、語幹の最後の母音が「ㅏ/ㅗ 以外」の場合 -어요 をつけます。ただし母音語幹の場合は母音が1つ**脱落**したり、2つの母音が**合体**することがあります。これらを母音語幹の**縮約形**と言います。

①脱落

가다 行く	가+아요	→ 가요（行きます）
서다 立つ	서+어요	→ 서요（立ちます）
보내다 送る	보내+어요	→ 보내요?（送りますか）
세다 数える	세+어요	→ 세요（数えます）

②合体

보다 見る	보 +아요	→ 봐요（見ます）
배우다 学ぶ	배우 +어요	→ 배워요（習います）
마시다 飲む	마시 +어요	→ 마셔요?（飲みますか?）
되다 なる	되 +어요	→ 돼요（なります）

＊쉬다 休む 쉬＋어요→쉬어요　＊縮約なし

＊하다 する→하＋여요→해요（します）※하 は -여요 がつきますが縮めて 해요 となります。

※「해요 体」と呼ばれるのは 하다 が 해요 になるからです。

練習1 次の用言を해요体にしてみましょう。

141

① 일어나다 起きる

② 보내다 送る

③ 오다 来る

④ 춤추다 踊る

⑤ 기다리다 待つ

⑥ 뵈다 お目にかかる

⑦ 사랑하다 愛する

⑧ 뛰다 走る

⑨ 만나다 会う

⑩ 다니다 通う

練習2 「해요体」を使って文を完成させてみましょう。 142

① 토요일에 / 콘서트에 / 가다　:　＿＿＿＿＿＿＿＿＿＿＿＿＿＿＿＿＿＿

② 응원부채를 / 준비하다　:　＿＿＿＿＿＿＿＿＿＿＿＿＿＿＿＿＿＿

③ 밤에 / 콘서트가 / 끝나다　:　＿＿＿＿＿＿＿＿＿＿＿＿＿＿＿＿＿＿

④ 퇴근길에서 / 기다리다　:　＿＿＿＿＿＿＿＿＿＿＿＿＿＿＿＿＿＿

練習3 質問に答えてみましょう。 143

① 토요일에 약속이 있어요?　: 아니요. 토요일은 집에서 (쉬다 →　　　　　　　　).

② 아침에 뭐 먹어요?　: 커피를 (마시다 →　　　　　　　　).

③ 한국 드라마를 좋아해요?　: 네. 매일 (보다 →　　　　　　　　).

④ 어디에서 쇼핑해요?　: 이마트에서 (사다 →　　　　　　　　).

練習4 例のように文を作ってみましょう。 144

※助詞は-는/은, -를/을, -에などを使いましょう。

친구 / 술 / 잘 마시다

例 친구는 술을 잘 마셔요.

友達はお酒をよく飲みます。

①

저 / 밤 / 목욕하다　＿＿＿＿＿＿＿＿＿＿＿＿＿＿＿＿

②

남동생 / 한국어 / 배우다　＿＿＿＿＿＿＿＿＿＿＿＿＿＿＿＿

③

지민 씨 / 아침 / 샤워하다　＿＿＿＿＿＿＿＿＿＿＿＿＿＿＿＿

④

남준 씨 / 영어 / 가르치다　＿＿＿＿＿＿＿＿＿＿＿＿＿＿＿＿

単語 145

□ 콘서트 コンサート　□ 응원부채 応援用のうちわ　□ 준비하다 準備する　□ 밤 夜　□ 끝나다 終わる
□ 퇴근길 帰り道 (※퇴근길 仕事からの帰り道、俳優の帰り道)　□ 약속 約束　□ 기다리다 待つ
□ 마시다 飲む　□ 매일 毎日　□ 어디에서 どこで　□ 쇼핑하다 ショッピングする　□ 이마트 イーマート
□ 사다 買う　□ 목욕하다 お風呂に入る　□ 남동생 弟　□ 아침 朝　□ 샤워하다 シャワーする　□ 영어 英語
□ 가르치다 教える

2 ~를/을 좋아해요「~が好きです」 146

日本語では「～が好きだ」と言いますが、韓国語では「～を好む」という言い方をし、~를/을「～を」と좋아하다「好む」を使います。

例 고구마를 좋아해요. / 양념치킨을 좋아해요.

サツマイモが好きです。/ 味付けチキンが好きです。

※否定形は「안 좋아해요.」または「좋아하지 않아요.」となります。

※「嫌いです」と言いたいときは싫어해요[시러해요]と言います。

練習1 次の質問に答えてみましょう。（否定形は안を使って） 147

例 고기를 좋아해요? 　네. 좋아해요. / 아니요. 안 좋아해요. 생선을 좋아해요.

肉が好きですか? 　はい。好きです。/ いいえ。好きではありません。魚が好きです。

① 야채를 좋아해요? 　네. ______________________

② 커피를 좋아해요? 　아니요. ______________________ (홍차)

③ 고양이를 좋아해요? 　네. ______________________

④ 버스를 좋아해요? 　아니요. ______________________ (전철)

練習2 絵を見て「好きです」、「好きではありません」（-지 않아요を使った否定）の会話文を作ってみましょう。 148

例 

A：겨울을 좋아해요? 　冬が好きですか?

B：네. 겨울을 좋아해요. 　はい。冬が好きです。

① 

A：공포영화를 좋아해요?

B：______________________

② 

A：시장을 좋아해요?

B：______________________

③ 

A：노래방을 좋아해요?

B：______________________

④ 

A：과일을 좋아해요?

B：______________________

単語 149

□고기 肉 □생선 魚 □야채 野菜 □커피 コーヒー □홍차 紅茶 □고양이 猫 □버스 バス
□전철 電車 □겨울 冬 □공포영화 ホラー映画 □시장 市場 □노래방 カラオケ □과일 果物

やってみよう　「～しましょう」と友だちを誘ってみましょう。　150

例（냉면/을/먹다）→ 냉면을 먹어요.　冷麺を食べましょう。

①（이태원/에/가다）→　　②（뮤지컬/을/보다）→

③（시부야/에서/쇼핑하다）→　　④（커피/를/마시다）→

※「해요体」は動詞の場合「～します」のほかに「～しましょう」の意味もあります。

聞いて答えてみよう

練習1 音声を聞いて質問に韓国語で答えてみましょう。　151

① 彼は退社後、何をしますか？

② 彼女はどんな映画が好きですか？

③ 2人は夕食に何を食べますか？

練習2 もう1度音声を聞いて（　　）をうめてみましょう。　152

① 오늘은 1시까지 (　　　　　).　今日は1時まで仕事します。

② 퇴근 후에 여자 친구하고 영화를 (　　　　　).　退社後に彼女と映画を見ます。

③ 여자 친구는 공포영화를 (　　　　　).　彼女はホラー映画が好きです。

④ 저는 공포영화를 (　) (　　　　　).　僕はホラー映画は好きではありません。

⑤ 저녁에 치즈닭갈비를 (　　　　　).　夕食でチーズダッカルビを食べます。

⑥ 저는 (　　　　　)을 좋아해요.ㅠㅠ　僕は寿司が好きです。

書いてみよう　日本語を韓国語にしてみましょう。　153

① 今日は夜まで仕事します。　＿＿＿＿＿＿＿＿＿＿＿＿

② 退社後に一人で晩ご飯を食べます。　＿＿＿＿＿＿＿＿＿＿＿＿

③ 私は一人ご飯が好きです。　＿＿＿＿＿＿＿＿＿＿＿＿

④ 今日のメニューはプルコギです。　＿＿＿＿＿＿＿＿＿＿＿＿

⑤ 私が魚は好きではありません。　＿＿＿＿＿＿＿＿＿＿＿＿

単語　154

□ 이태원 イテウォン（梨泰院）　□ 시부야 渋谷　□ 퇴근 退社　□ 후 後　□ 공포영화 ホラー映画
□ 치즈 닭갈비 チーズタッカルビ　□ 밤 夜　□ 혼자서 一人で　□ 저녁 晩ご飯　□ 초밥 寿司　□ 혼밥 一人ご飯
□ 메뉴 メニュー　□ 불고기 プルコギ　□ 생선 魚

数詞のまとめ

数字を表すときは、日本語の「いち、に、さん…」にあたる「漢数詞」と「ひとつ、ふたつ、みっつ」にあたる「固有数詞」を使います。

●漢数詞（単純に数字を表すほかに、年月日や金額、時間、電話番号などで使う） 155

0	1	2	3	4	5	6	7	8	9	10
영/공	일	이	삼	사	오	육	칠	팔	구	십
20	30	40	50	60	70	80	90	100	1000	10000
이십	삼십	사십	오십	육십	칠십	팔십	구십	백	천	만

・漢数詞につく助数詞

年月日	～分	～ウォン	～人前	～階（層）	～番
년, 월, 일	분	원	인분	층	번

例 1,350원（1350 ウォン）：천 삼백 오십 원　　2인분（２人前）：이인분

・月の言い方 156

1月	2月	3月	4月	5月	6月
일월	이월	삼월	사월	오월	유월
7月	8月	9月	10月	11月	12月
칠월	팔월	구월	시월	십일월	십이월

・カレンダー（曜日と日にち） 157

月曜日	火曜日	水曜日	木曜日	金曜日	土曜日	日曜日
월요일	화요일	수요일	목요일	금요일	토요일	일요일
1日	2日	3日	4日	5日	6日	7日
일 일	이 일	삼 일	사 일	오 일	육 일	칠 일
8日	9日	10日	11日	12日	13日	14日
팔 일	구 일	십 일	십일 일	십이 일	십삼 일	십사 일
15日	16日	17日	18日	19日	20日	21日
십오 일	십육 일	십칠 일	십팔 일	십구 일	이십 일	이십일 일
22日	23日	24日	25日	26日	27日	28日
이십이 일	이십삼 일	이십사 일	이십오 일	이십육 일	이십칠 일	이십팔 일
29日	30日	31日	※십육 일 [심뉴길]　　이십육 일 [이심뉴길]			
이십구 일	삼십 일	삼십일 일				

練習1 質問にカレンダーを見て例のように答えてみましょう。 158

① 오늘이 몇 월 며칠이에요? ＿＿＿＿＿＿＿＿＿＿ ※몇 월 [며뒬]

今日は何月何日ですか？ 例 10월 3일이에요. 10月3日です。

② 무슨 요일에요? ＿＿＿＿＿＿＿＿＿＿ ※무슨 요일 [무슨뇨일]

何曜日ですか？ 例 수요일이에요. 水曜日です。

③ 생일이 언제예요? ＿＿＿＿＿＿＿＿＿＿

誕生日はいつですか？ 例 10월 16일이에요. 10月16日です。

④ 생일에 뭐 해요? ＿＿＿＿＿＿＿＿＿＿

誕生日に何をしますか？ 例 미역국을 먹어요. わかめスープを食べます。 など

● 固有数詞 (物を数えるとき) 159

1つ	2つ	3つ	4つ	5つ	6つ	7つ	8つ	9つ	10
하나	둘	셋	넷	다섯	여섯	일곱	여덟	아홉	열
(한)	(두)	(세)	(네)						
11	12	13	14	15	16	17	18	19	20
열하나	열둘	열셋	열넷	열다섯	열여섯	열일곱	열여덟	열아홉	스물
(열한)	(열두)	(열세)	(열네)						(스무)
21	22	30	40	50	60	70	80	90	100
스물하나	스물둘	서른	마흔	쉰	예순	일흔	여든	아흔	백
(스물한)	(스물두)								

☞ (　　) 中は後ろに単位が来るとき

・固有数詞につく助数詞

～個	～名	～杯	～匹	～枚	～歳	～足	～冊	～膳、わん
개	명	잔	마리	장	살	켤레	권	그릇

例 한 개 (1個)、두 명 (2名)、세 마리 (3匹)、네 잔 (4杯)…

練習2 絵をみて数えてみましょう。 160

① 커피 ＿＿ 잔 (杯)　② 티켓 ＿＿ 장 (枚)　③ 강아지 ＿＿ 마리 (匹)　④ 친구 ＿＿ 명 (名)

単語 161

□ 오늘 今日　□ 몇 월 何月　□ 며칠 何日　□ 무슨 요일 何曜日　□ 생일 誕生日　□ 미역국 わかめスープ
□ 커피 コーヒー　□ 티켓 チケット　□ 강아지 子犬

● 時間の言い方 (固有数詞＋漢数詞)

162

163

5분 [오분]

10분 [십분]

15분 [십오분]

30분 [삼십분]/반

45분 [사십오분]

50분 [오십분]

지금 몇 시예요?
今、何時ですか？

열 시 십오분이에요.
10時15分です。

164

몇 시에 일어나요? (7시)　일곱 시에 일어나요.
何時に起きますか？

몇 시에 자요? (12시)　열두 시에 자요.
何時に寝ますか？

시「～時」は数字で書くときは10시のようにつけて、ハングルで書くときは열 시のように離して書くんだよ。

새벽　明け方	아침　朝	낮　昼	저녁　夕方	밤　夜
오전　午前			오후　午後	

練習 下の語句を使って해요体で「～時に～します」と、1日の日課を言ってみましょう。　165

일어나다 起きる、샤워하다 シャワーする、밥을 먹다 ご飯を食べる
학교에 가다 学校へ行く、회사에 가다 会社に行く、집에 가다 家に帰る、
요리하다 料理する、TV를 보다 テレビを見る、숙제하다 宿題をする、자다 寝る
例 8시에 학교에 가요.　8時に学校へ行きます。

単語　166

□지금 今　□몇 시 何時　□분 分　□일어나다 起きる　□자다 寝る　□새벽 明け方　□아침 朝
□낮 昼　□저녁 夕方　□밤 夜　□오전 午前　□오후 午後

やってみよう 食堂で注文してみましょう。

167

여기요~
김밥 2개, 떡볶이 2인분,
라면 1개 주세요.

전부
19,600원이에요.

모두 얼마예요?

김밥　: 4,300원
떡볶이 : 3,500원
라면　: 4,000원
어묵　: 4,000원
냉면　: 6,000원

やってみよう 洋服の店で買い物してみましょう。

168

모자	자켓	셔츠	바지	양말
30,000원	120,000원	80,000원	85,000원	5,000원

가 : 이 모자 얼마예요?
나 : 30,000원이에요.
가 : 네. 그럼 이거 주세요.

やってみよう コスメショップで買い物してみましょう。

169

핸드크림	팩	립스틱	선크림
5,000원	3,500원	8,000원	12,000원

가 : 핸드크림 있어요?
나 : 네. 여기요.
가 : 얼마예요?
나 : 5,000원이에요.
가 : 네. 그거 주세요.

単語

170

□ 여기요 すみません　□ 김밥 キムパプ　□ 떡볶이 トッポキ　□ 라면 ラーメン　□ 어묵 おでん
□ 냉면 冷麺　□ 모두 全部で　□ 전부 全部　□ 원 ウォン（韓国の通貨単位）　□ 모자 帽子
□ 자켓 ジャケット　□ 셔츠 シャツ　□ 바지 ズボン　□ 양말 靴下　□ 핸드크림 ハンドクリーム　□ 팩 パック
□ 립스틱 リップスティック　□ 선크림 日焼け止め　□ 여기요. こちらにどうぞ　□ 얼마예요? いくらですか?
□ 주세요 ください

第10課

野球を見に行きます。

야구 보러 갑니다.

学習目標：① -ㅂ니다/-습니다（합니다体）
② -러/으러 가다　～しに行く、来る

スキット

聞いてみよう 171 ノーマルスピード

선배(여) ① 윤기 씨, 토요일날 뭐 해요?

윤 기 ② 왜요? 무슨 일 **있습니까**?

선배(여) ③ 뮤지컬 티켓이 2장 있어요.

④ 같이 **보러 가요**.

윤 기 ⑤ 아, 저는 그날 야구 **보러 갑니다**.

선배(여) ⑥ 그래요? 아쉽네요. 그런데 누구랑?

윤 기 ⑦ 하하하, **비밀입니다**.

先輩(女) ① ユンギさん、土曜日は何をしますか？

ユンギ ② なぜですか？何かありますか？

先輩(女) ③ ミュージカルのチケットが2枚あります。

④ いっしょに見に行きましょう。

ユンギ ⑤ あ、僕はその日、野球を見に行きます。

先輩(女) ⑥ そうですか。残念ですね。どころで誰と？

ユンギ ⑦ ははは。秘密です。

172

- 토요일날　土曜日
- 왜요?　なぜですか？
- 무슨 일　何事
- 있습니까?　ありますか？（←있다）
- 티켓　チケット
- 2장(두 장)　2枚
- 보러 가요　見に行きましょう
- 그날　その日
- 갑니다　行きます（←가다）
- 야구　野球
- 아쉽네요　残念ですね（←아쉽다）
- 그런데　どころで
- -(이)랑　～と
- 비밀　秘密
- -입니다　～です（←이다）

● 声に出して読んでみよう ♪ ●

173 ゆっくりめ

선배(여) ❶ 윤기 씨, 토요일날《[토요일랄]》 뭐 해요?

윤 기 ❷ 왜요? 무슨 일《[무슨닐]》 있습니까《[읻씀니까]》?

선배(여) ❸ 뮤지컬 티켓이《[티케시]》 2장《[두장]》 있어요《[이써요]》.

❹ 같이《[가치]》 보러 가요.

윤 기 ❺ 아, 저는 그날 야구 보러 갑니다《[감니다]》.

선배(여) ❻ 그래요? 아쉽네요《[아쉼네요]》. 그런데 누구랑?

윤 기 ❼ 하하하, 비밀입니다《[비미림니다]》.

● スキットの解説 ●

❶ 토요일날 : 土曜日の日。토요일에 (土曜日に) と同じ意味で話し言葉でよく使います。

❷ 무슨 일 있습니까? : 直訳すると「何かありますか?」になります。ここでは「どうしましたか?」という意味です。相手が会社の先輩なので、フォーマルなです・ます体の「합니다体」を使っています。

❸ 보러 :「보다 (見る) +-러/으러 (〜しに) 主に「가다/오다」の形で「見に行く、来る」という意味になります。

❹ 갑니다 : 가다 (行く) に-ㅂ니다がついて합니다体の「行きます」になっています。

❺ 아쉽네요 :「아쉽다 (名残惜しい、残念だ)」に感嘆を表す네요が付いて「〜ですね」という意味になります。

＊누구랑? :「누구＋(이)랑」で「だれと」。「〜と」に当てはまる助詞は三つあります。와/과、하고、랑/이랑です。この中で~(이)랑は、直前の文字にパッチムがない場合は랑、ある場合は이랑を使います。랑/이랑は会話でのみ使います。書き言葉では와/과を使います。直前の文字にない場合は와ある場合は과を用います。하고はどちらでも使います。

❻ 비밀(秘密)+입니다. 単語の最後にパッチムがあってもなくても「-입니다」を付けます。話し言葉ではパッチムがない単語の次に来ると母音と「입」が一緒に発音される場合があります。

例 친구입니다 → 친굽니다 [친굼니다] / 가수입니다 → 가숩니다 [가숨니다]

※ただし、表記はあくまでも입니다です。

ポイントレッスン

1 합니다体の作り方

174

합니다体は「～です」「～ます」といった丁寧な文体です。해요体よりかしこまった言い方です。ニュースやビジネスなどフォーマルな場面でよく用いられます。平叙形と疑問形が異なります。

① 平叙形の作り方

母音語幹＋ㅂ니다　子音語幹＋습니다　ㄹ語幹（ㄹ脱落）＋ㅂ니다

	基本形		平叙形
母音語幹	하다	する	→ 하＋ㅂ니다 → 합니다［함니다］ します。
子音語幹	있다	いる、ある	→ 있＋습니다 → 있습니다［읻씀니다］ います、あります。
ㄹ語幹	멀다	遠い	→ 머＋ㅂ니다 → 멉니다［멈니다］ 遠いです。（ㄹ脱落）

② 疑問形の作り方

平叙形の場合の -ㅂ니다、-습니다の다を까に変えて-ㅂ니까?/-습니까?とし、文末の抑揚をあげます。書くときは「?」をつけます。

平叙形	疑問形
합니다	➡ 합니까?［함니까?］ しますか?
있습니다	➡ 있습니까?［읻씀니까?］ いますか?　ありますか?
멉니다	➡ 멉니까?［멈니까?］ 遠いですか?

※～예요/～이에요（～です）の합니다体は前の単語にパッチムがあってもなくても「～입니다」になります。疑問形は「～입니까?」（ですか）になります。なお基本形は이다「～だ」です。

例 팬이다「ファンだ」
- 팬이에요.（해요体）「ファンです。」
- 팬입니다.（합니다体）

練習1 次の単語を「합니다体」にしてみましょう。　175

① 먹다　② 읽다　③ 보다　④ 운동하다　⑤ 만들다　⑥ 부채이다

単語

176

□멀다 遠い　□먹다 食べる　□읽다 読む　□보다 見る　□운동하다 運動する　□만들다 作る
□부채 うちわ

練習2 例のように語句を用いて「합니다体」で質問して、答えてみましょう。 177

例 한국은 처음이다 (韓国は初めてだ)

처음입니까? 韓国は初めてですか？　B：네. 처음입니다. はい。初めてです。

[익따]

______? B：______

[익씁니까] [익씁니다]

______? B：______

______? B：______

______? B：______

報を言ってみましょう。 178

① ______

② ______

③ ______

④ ______

単語 179

☐처음 初めて ☐소설 小説 ☐면세점 免税店 ☐팔다 売る ☐이것 これ ☐막차 終電 ☐회사 会社 ☐까지 まで ☐멀다 遠い ☐최고 기온 最高気温 ☐도 度（℃） ☐덥겠다 暑いだろう（推量） ☐가끔 時々 ☐소나기 にわか雨 ☐오겠다 来る・降るだろう（推量） ☐습기 湿気 ☐많겠다 多いだろう（推量）

ISBN978-4-560-08992-7 C3087 ¥2100E
定価
(本体2

2 -러/으러　～しに

動詞の語幹に-러/으러をつけると、「～しに」という目的を表す表現に
-러/으러の後ろには가다（行く）、오다（来る）など移動を表す動詞が続
・母音語幹には -러、子音語幹には -으러、ㄹ語幹（語幹末がㄹの場合

例 보다（見る）→ 보러（見に）　　　찍다（撮る）→ 찍으러（撮りに
　놀다（遊ぶ）→ 놀러（遊びに）

練習1 下線部の基本形を「-러/으러」の形にして、文を完成してみま

例 영화를 보다 / 영화관에 가요 ：영화를 보러 영화관에 가요.

① 커피를 마시다 / 카페에 가요 ：＿＿＿＿＿＿＿＿

② 떡볶이를 먹다 / 식당에 가요 ：＿＿＿＿＿＿＿＿

③ 책을 읽다 / 도서관에 가요 ：＿＿＿＿＿＿＿＿

④ 자전거를 타다 / 한강에 가요 ：＿＿＿＿＿＿＿＿

練習2 絵を見て「-러/으러」を使って言ってみましょう。助詞は～는/은、～를/을を使いましょう。

例 
우리 가족 / 온천하다 / 하코네 / 가다　182
우리 가족은 온천하러 하코네에 가요.
（うちの家族は温泉に入りに箱根に行きます。）

① 아버지 / 과자 / 만들다 / 요리교실 / 가다

＿＿＿＿＿＿＿＿＿＿＿＿＿＿＿＿

② 어머니 / 옷 / 팔다 / 벼룩시장 / 가다

＿＿＿＿＿＿＿＿＿＿＿＿＿＿＿＿

練習3 例から答えを選んで、会話文を作ってみましょう。

例 A：미나 씨, 어디 가요?
　B：백화점에 가요.
　A：백화점에 왜 가요?
　B：선물을 사러 가요.

例 백화점/선물을 사다　183
① 헬스클럽/운동하다
② 한국/친구를 만나다
③ 방송국/공개방송을 보다

単語　184

□영화관 映画館　□카페 カフェ　□떡볶이 トッポキ　□식당 食堂　□책 本　□도서관 図書館
□타다 乗る　□한강 漢江　□가족 家族　□온천하다 温泉に入る　□과자 お菓子　□요리교실 料理教室
□옷 服　□팔다 売る　□벼룩시장 フリーマーケット　□헬스클럽 スポーツジム　□방송국 テレビ局
□공개방송 公開放送

やってみよう 初対面の人と「합니다体」を使ってあいさつしてみましょう。 185

④ 친구는 문구를 좋아합니다.　　友達は文具が好きです。

⑤ 내일, (　　　　)에서 친구와 만납니다.　　明日、韓国食堂で友達と会います。

⑥ 우리는 (　　　　)로 이야기합니다.　　私たちは韓国語で話します。

書いてみよう 日本語を합니다体を使って韓国語にしてみましょう。 188

① 明日はお母さんの誕生日です。 ＿＿＿＿＿＿＿＿

② お母さんは水泳を習っています。 ＿＿＿＿＿＿＿＿

③ 今日は水着を買いにデパートに行きます。 ＿＿＿＿＿＿＿＿

④ 明日の夕方(に)は家族と一緒に食事します。 ＿＿＿＿＿＿＿＿

単語 189

□ ~라고 하다 ～と言う　□ 반갑다 お会いできてうれしい　□ 잘 부탁드리다 よろしくお願いする
□ 생일 誕生日　□ 쇼핑몰 ショッピングモール　□ 문구 文具　□ 한국 식당 韓国食堂　□ 한국어 韓国語
□ 수영 水泳　□ 배우다 習う　□ 엄마 お母さん　□ 수영복 水着　□ 사다 買う　□ 백화점 デパート
□ 저녁 夕方　□ 식사하다 食事する　□ 함께 一緒に

練習1 一週間のスケジュールを書いてみましょう。(曜日など、名詞は適切な助詞を用いて作文)

例 월요일 : (친구 / 명동 / 놀다) → 저는 월요일에 친구하고 명동에서 놀아요. 🔊190

※主語は「私」です。 私は月曜日に友達と明洞で遊びます。

① 화요일 : (아버지 / 집 / 영화를 보다) ______

② 수요일 : (어머니 / 백화점 / 쇼핑하다) ______

③ 목요일 : (학교 / 선배 / 만나다) ______

④ 금요일 : (혼자 / 공원 / 뛰다) ______

⑤ 토요일 : (동생 / 도서관 / 책을 읽다) ______

⑥ 일요일 : (친구 / 집 / 요리를 만들다) ______

曜日＋에「～曜日に」、人＋하고「～(人)と」、場所＋에서「～(場所)で」

練習2 次の文を□の中の単語を入れて完成し日本語に訳してみましょう。 🔊191

야채 / 생일 선물 / 좋아해요 / 한복 / 맛있어요 / 먹어요

저는 시장을 (①ㅈ　　　　). 일요일에는 시장에 가요. 시장에서 고기하고 (②ㅇ　　　　)를 사요.

아! 오늘은 친구 (③ㅅ　　　　)도 사요. 친구에게 (④ㅎ　　　　)을 선물해요.

혼자서 점심을 (⑤ㅁ　　　　). 시장 포장마차 떡볶이는 너무 (⑥ㅁ　　　　).

練習3 次の質問に答えてみましょう。 🔊192

例 공포영화를 봐요? 네. 봐요. / 아니요. 안 봐요.

① 낫토를 먹어요? 네. ______　② 치마를 입어요? 아니요. ______

③ 맥주를 마셔요? 네. ______　④ 매일 운동해요? 아니요. ______

練習4 例のように文を作ってみましょう。 🔊193

수박  딸기　例 수박보다 딸기를 좋아해요 / 딸기보다 수박을 좋아해요.
스イカよりイチゴが好きです。/ イチゴよりスイカが好きです。

개  고양이　① ______

커피  홍차　② ______

単語 🔊194

□ 선배 先輩　□ 혼자 一人で　□ 공원 公園　□ 뛰다 ジョギングする (←走る)　□ 동생 妹・弟
□ 도서관 図書館　□ 야채 野菜　□ 생일 선물 誕生日プレゼント　□ 에게(助詞) ～(人)に　□ 한복 韓服
□ 선물하다 プレゼントする　□ 시장 市場　□ 고기 肉　□ 점심 お昼ご飯　□ 포장마차 屋台
□ 공포영화 ホラー映画　□ 낫토 納豆　□ 치마 スカート　□ 맥주 ビール　□ 매일 毎日　□ 보다(助詞) ～より
□ 수박 スイカ　□ 딸기 いちご　□ 개 犬　□ 고양이 猫　□ 홍차 紅茶

練習5 下線の用言を「합니다体」に直してみましょう。 195

① 오늘은 회사에 안 가다. ________________

② 아침에 샐러드와 빵을 먹다. ________________

③ 커피도 마시다. ________________

④ 점심에는 운동을 하다. ________________

⑤ 헬스클럽에서 자전거를 타다. ________________

⑥ 저녁에는 인터넷으로 한국 영화를 보다. ________________

⑦ 저는 의드*를 좋아하다. ________________

⑧ 밤에는 한국 음악을 듣다. ________________

⑨ 12시에 자다. ________________

*의드→의학 드라마（医学ドラマ）の略語

練習6 次の場所に行く目的を言ってみましょう。（-(으)러、ヘヨ体を用いて） 196

例（도서관 / 책을 읽다）: 도서관에 책을 읽으러 가요.
図書館に本を読みに行きます。

①（목욕탕 / 목욕하다）: ________________

②（요리교실 / 케이크를 만들다）: ________________

練習7 場所と目的を線で結んで文を書いてみましょう。 197

例 회사 • —— • 손을 씻다　회사에 일하러 가요.　会社に仕事をしに行きます。

① 화장실 • 　• 일하다 ________________

② 한국 • 　• 놀다 ________________

③ 은행 • 　• 돈을 찾다 ________________

④ 친구집 • 　• 콘서트 보다 ________________

単語 198

□ 회사 会社　□ 아침 朝　□ 샐러드 サラダ　□ 헬스클럽 スポーツジム　□ 자전거 自転車
□ 인터넷 インターネット　□ 한국 영화 韓国映画　□ 밤 夜　□ 목욕탕 銭湯、浴室　□ 목욕하다 お風呂に入る
□ 요리교실 料理教室　□ 케이크 ケーキ　□ 손을 씻다 手を洗う　□ 일하다 仕事をする　□ 화장실 トイレ
□ 은행 銀行　□ 돈을 찾다 お金をおろす　□ 친구집 友達の家

第11課

月に1回見ましょうか。

한 달에 한 번씩 볼까요?

学習目標：① -지요(?)　～ですね、～でしょう？
② -ㄹ/을까요?　～しましょうか？
③ -ㄹ/을게요　～しますよ、～しますね。

スキット

聞いてみよう 199 ノーマルスピード

윤 기 ① 배우들이 정말 노래를 잘해요.

레이나 ② **그렇죠**? 한국 뮤지컬은 최고예요.

윤 기 ③ 솔직히 저 뮤지컬 처음 봐요.

레이나 ④ 진짜요? 그럼 앞으로 한 달에 한 번씩 **볼까요**?

윤 기 ⑤ **좋지요**!

레이나 ⑥ 제가 많이 **소개할게요**.

ユンギ ① 俳優の歌、本当にうまいですね。
レイナ ② そうでしょう？韓国のミュージカルは最高にいいです。
ユンギ ③ 正直、僕はミュージカル見るのは初めてです。
レイナ ④ 本当ですか？じゃあ、これから月に1回見ましょうか？
ユンギ ⑤ いいですね！
レイナ ⑥ 私がたくさん紹介します。

200

- 배우　俳優
- 들　～たち、～ら（複数を表す助詞）
- 뮤지컬　ミュージカル
- 정말　本当に
- 노래　歌
- 잘해요　上手です（←잘하다）
- 그렇죠?　そうですよね？そうでしょう？
- 최고　最高
- 솔직히　正直
- 처음　初めて
- 진짜요?　本当ですか？
- 앞으로　これから
- 한 달　一か月
- 한 번　一回
- 씩　ずつ
- 볼까요?　見ましょうか？（←보다）
- 좋지요　いいですね
- 많이　たくさん
- 소개할게요　紹介します（←소개하다）

声に出して読んでみよう♪

201 ゆっくりめ

윤 기 ① 배우들이《[배우드리]》 정말 노래를 잘해요《[자래요]》.

레이나 ② 그렇죠《[그러초]》? 한국 뮤지컬은《[뮤지커른]》 최고예요.

윤 기 ③ 솔직히《[솔찌키]》 저 뮤지컬 처음 봐요.

레이나 ④ 진짜요? 그럼 앞으로《[아프로]》 한 달에《[한다레]》 한 번씩 볼까요?

윤 기 ⑤ 좋지요《[조치요]》!

레이나 ⑥ 제가 많이《[마니]》 소개할게요《[할께요]》.

スキットの解説

① 노래를 잘해요 : 歌がうまいです。「踊りも上手です」は춤도 잘해요ではなく、춤도 잘 춰요と言います。노래하다という単語はありますが、춤하다は間違いです。「춤」は「추다 踊る」と合わさります。

② 그렇죠? : そうでしょう?そうですよね? -죠は -지요の縮約形です。
話し言葉ではもっと縮めて그쵸?とも言います。
＊뮤지컬 : ミュージカル。[뮤지카루]ではなく[뮤지컬]と発音します。

③ 처음 봐요 : 始めて見ます。初めての経験を言うときに使います。
例 처음 가요 初めて行きます、처음 먹어요 初めて食べます、처음 들어요 初めて聞きます、한복은 처음 입어요 韓服は始めて着ます

④ 앞으로 : これから。「앞으로」の代わりに「이제」もよく使います。"그럼 이제 한 달에 한 번씩 볼까요?"と言っても大きな意味の違いはありません。

⑤ 좋지요! : いいですね!最近は「콜!」という言葉もよく聞きますね。親しい間柄で「OK!」「そうしよう」などの意味で使われます。

⑥ 제가 : 「저＋가→제가」です。これ以外にも「나＋가 ＝ 내가 私が」、「너＋가＝네가 君が」、「누구＋가＝누가 だれが」があります。※내가と네가は発音するとき、区別がつかない場合もあるので네가を[니가]と発音することもあります。
＊소개할게요 : 소개하다に -ㄹ게요 (～しますね) がついて「紹介しますね」と約束するニュアンスがあります。

● ポイントレッスン ●

1 -지요？　～でしょう?～ですよね? 202

用言の語幹にそのままつけて、自分の思っていることについて相手に同意や確認を求める表現になります。ただし名詞＋이다の場合、パッチムなしの名詞には -지요、パッチムありの名詞には -이지요がつきます。　例 부채이다 → 부채지요?　うちわでしょう?

팬이다　→ 팬이지요?　ファンでしょう?

※短く「-죠」と縮約されて使う場合もあります。　例 그렇죠?　そうでしょう?

練習1 次の単語を「-지요?」の形にしてみましょう。 203

① 예쁘다

② 넓다

③ 잘 먹다

④ 부자이다

⑤ 맵다

⑥ 무섭다

⑦ 잘 팔리다

⑧ 세일이다

練習2 （　　）の中の話題について会話文を完成してみましょう。 204

① (韓国の7月)

A：＿＿＿＿＿＿＿＿＿＿＿＿＿＿＿＿　B：네. 많이 와요.

(비가 많이 오다)

② (百貨店のセール)

A：＿＿＿＿＿＿＿＿＿＿＿＿＿＿＿＿　B：네. 엄청 많아요.

(사람이 많다)

③ (お正月)

A：＿＿＿＿＿＿＿＿＿＿＿＿＿＿＿＿　B：네. 공휴일이에요.

(공휴일이다)

④ (K-POPを聞いて)

A：＿＿＿＿＿＿＿＿＿＿＿＿＿＿＿＿　B：네. 맞아요.

(이거 한국 노래이다)

単語 205

□ 예쁘다 かわいい　□ 넓다 広い　□ 잘 よく　□ 먹다 食べる　□ 부자(이)다 お金持ちだ　□ 맵다 辛い
□ 무섭다 怖い　□ 팔리다 売れる　□ 세일이다 セールだ　□ 비 雨　□ 많이 たくさん　□ 백화점 デパート
□ 엄청 とても　□ 공휴일 祝日　□ 맞다 合っている、そのとおりだ

2 -ㄹ/을까요?　～しましょうか？

206

動詞の語幹に -ㄹ/을까요? をつけると、「～しましょうか」という意味になり、相手の意向をたずねたり、提案したりする表現になります。

母音語幹の場合は -ㄹ까요? 子音語幹の場合は -을까요? をつけます。ㄹ語幹の場合はがㄹを取って -ㄹ까요? をつけます。

例 母音語幹	사다 買う	사＋ㄹ까요?	→ 살까요?	買いましょうか？
子音語幹	닫다 閉める	닫＋을까요?	→ 닫을까요?	閉めましょうか？
ㄹ語幹（ㄹ脱落）	놀다 遊ぶ	노＋ㄹ까요?	→ 놀까요?	遊びましょうか？

練習1 次の語句を用いて「～しましょうか?」という文にしてみましょう。 207

① 같이 보다

② 라면 먹다

③ 사진 찍다

④ 찌개 만들다

練習2 次の語句を用いて会話を完成してみましょう。 208

① A：피곤해요.　　B：＿＿＿＿＿＿＿＿
(좀 쉬다)

② A：찌개가 짜요.　　B：＿＿＿＿＿＿＿＿
(물 좀 넣다)

③ A：드라마가 재미없어요.　　B：＿＿＿＿＿＿＿＿
(다른 드라마를 보다)

④ A：옷이 마음에 안 들어요.　　B：＿＿＿＿＿＿＿＿
(다른 옷으로 바꾸다)

練習3 みんなと「-(으)ㄹ까요(?)」を使って旅行の計画を立ててみましょう。 209

例 서울에 가다 ：서울에 갈까요? ソウルに行きましょうか？

① 명동에서 치즈 닭갈비를 먹다　：＿＿＿＿＿＿＿＿

② 뮤지컬을 보다　：＿＿＿＿＿＿＿＿

③ 카카오숍에서 쇼핑하다　：＿＿＿＿＿＿＿＿

④ 어디서 묵다　：＿＿＿＿＿＿＿＿

単語

210

□라면 ラーメン　□쉬다 休む　□읽다 読む　□만들다 作る　□피곤하다 疲れる　□찌개 チゲ
□짜다 しょっぱい　□물 水　□좀 少し　□넣다 入れる　□재미없다 面白くない　□다른 他の　□옷 服
□마음에 안 들다 気に入らない　□바꾸다 取り替える　□명동 明洞（地名）　□카카오숍 カカオショップ
□어디서 どこで　□묵다 泊まる

3 -ㄹ/을게요　～しますよ、～しますから

211

-ㄹ/을게요は「～しますよ、～しますね」と相手を安心させたり、「～しますから」と約束したり、自分の意思を伝える表現です。母音語幹の場合は -ㄹ게요、子音語幹の場合は -을게요、ㄹ語幹の場合はがㄹを取って、ㄹ게요をつけます。

※疑問文では使わないので気をつけましょう。※을게요の게は［께］と発音します。

母音語幹	치우다 片づける	→ 치우＋ㄹ게요	→ 치울게요 片づけますよ（部屋など）
子音語幹	끊다 切る	→ 끊＋을게요	→ 끊을게요 切りますよ（電話など）
ㄹ語幹（ㄹ脱落）	만들다 作る	→만드＋ㄹ게요	→ 만들게요 作りますよ

練習1 次の単語を「-ㄹ/을게요」の形にしてみましょう。　212

① 알아보다 ＿＿＿＿＿＿　② 예약하다 ＿＿＿＿＿＿

③ 넣다 ＿＿＿＿＿＿　④ 놀다 ＿＿＿＿＿＿

練習2 相手に「～します」と約束する文を書いてみましょう。　213

① 
② 
③ 
④ 

①（夫が妻に）주말에 같이 쇼핑하다　：＿＿＿＿＿＿

②（学生が先生に）매일 단어를 외우다　：＿＿＿＿＿＿

③（患者が医者に）술을 안 마시다　：＿＿＿＿＿＿

④（子供が親に）친구랑 사이좋게 놀다　：＿＿＿＿＿＿

練習3 みんなでキャンプに行きます。それぞれの役割を決めましょう。　214

例 운전하다

제가 운전할게요.
私が運転します。

① 음료수를 가져가다

② 고기를 사다　③ 텐트를 준비하다

④ 음식을 만들다　⑤ 설거지를 하다

単語　215

□알아보다 調べる　□예약하다 予約する　□놀다 遊ぶ　□넣다 入れる　□주말 週末　□매일 毎日
□외우다 覚える　□술 お酒　□~(이)랑 ～と　□사이좋게 仲良く　□운전하다 運転する　□음료수 飲み物
□가져가다 持っていく　□고기 肉　□사다 買う　□텐트 テント　□준비하다 準備する
□음식 食べ物、料理　□설거지 後片付け

やってみよう

友達と絵を見ながら会話してみましょう。 216

例 A：꽃이 참 예쁘다：꽃이 참 예쁘지요? (-지요?)

B：무슨 꽃이다?：＿＿＿＿＿＿-ㄹ/을까요?

A：음… 무슨 꽃일까요?

B：저도 잘… 제가 물어보다：＿＿＿＿＿＿-ㄹ/을게요

※主語が3人称の場合は「〜でしょうか」という〈推量〉の意味になります。

例 길이 막힐까요?　道が混むでしょうか?

聞いて答えてみよう

練習1 音声を聞いて質問に韓国語で答えてみましょう。 217

① 今日、友達と何をしますか?

② ミュージカルを月に何回観ますか?

③ 友達はミュージカルを見たことがありますか?

練習2 音声を聞いて（　　）をうめてみましょう。 218

① 오늘은 친구하고 뮤지컬을 (　　　　　).	今日は友達とミュージカルをみます。
② 주인공이 노래를 정말 (　　　　　).	主人公は歌が本当に上手です。
③ 그리고 춤도 (　　　　　).	そして踊りも上手です。
④ 저는 한 달에 (　　　　　) 꼭 봐요.	私は月に一回必ず見ています。
⑤ 그런데 친구는 오늘이 (　　　　　).	ところで友達は今日が初めてです。
⑥ 친구의 반응이 (　　　　　).	友達の反応が楽しみです。

書いてみよう

日本語を韓国語にしてみましょう。 219

① 今日は彼氏と映画を見ます。　＿＿＿＿＿＿＿＿＿＿

② 主人公は演技が上手です。　＿＿＿＿＿＿＿＿＿＿

③ 私は週に一回映画を見ます。　＿＿＿＿＿＿＿＿＿＿

④ どころで彼氏は1年に1回映画を見ます。　＿＿＿＿＿＿＿＿＿＿

単語

220

□꽃 花　□물어보다 聞いてみる　□주인공 主人公　□잘하다 上手だ　□춤 踊り
□잘 추다 (踊りが) 上手だ　□한 번 一回　□처음 はじめて　□반응 反応　□기대되다 楽しみだ (期待される)
□영화 映画　□연기 演技　□일 주일 一週間　□그런데 ところで　□일 년 1年

第12課

韓国の文化を学びたいです。

한국 문화를 배우고 싶어요.

学習目標：① -고 싶다　～したい
② -네요　～ですね、～ますね
③ -ㄹ/을 거예요　～つもり（予定）です、～でしょう

スキット

聞いてみよう 221 ノーマルスピード

선 우 ① 동아리에 관심 있어요?

레이나 ② 어떤 게 있어요?

선 우 ③ 어학, 스포츠, 문화 등등 다양해요.

레이나 ④ 한국 문화를 배우**고 싶어요**.

선 우 ⑤ 잠깐만. 어! 오늘 모임이 **있네요**.

⑥ 같이 갈까요?

레이나 ⑦ 오늘은 도서관에서 리포트를 **쓸 거예요**.

ソ ヌ ① サークルに興味ありますか？
レイナ ② どんなものがありますか？
ソ ヌ ③ 語学、スポーツ、文化などなどいろいろあります。
レイナ ④ 韓国文化を学びたいです。
ソ ヌ ⑤ ちょっとまって、あ！今日集まりがあります。
⑥ 一緒に行きましょうか？
レイナ ⑦ 今日は図書館でレポートを書くつもりです。

222

- 동아리　サークル、同好会
- 관심　関心、興味
- 어떤　どんな
- 게　ものが
- 어학　語学
- 스포츠　スポーツ
- 문화　文化
- 등등　等々
- 다양하다　多様だ、いろいろある
- 배우다　学ぶ
- -고 싶다　～したい
- 잠깐만　ちょっと待って
- 모임　集まり
- 도서관　図書館
- 리포트　レポート

声に出して読んでみよう♪

223 ゆっくりめ

선 우 ① 동아리에 관심 있어요《[이써요]》?

레이나 ② 어떤 게 있어요《[이써요]》?

선 우 ③ 어학, 스포츠, 문화 등등 다양해요.

레이나 ④ 한국 문화《[한궁무놔]》를 배우고 싶어요《[시퍼요]》.

선 우 ⑤ 잠깐만, 어! 오늘 모임이《[모이미]》 있네요《[인네요]》.

⑥ 같이《[가치]》 갈까요?

레이나 ⑦ 오늘은《[오느른]》 도서관에서 리포트를 쓸 거예요《[쓸꺼에요]》.

スキットの解説

① 동아리：発音をするとき、[동가리] にならないようにしましょう。

＊관심이 있어요？の助詞「이」は省略しても構いません。会話では省略しても意味が分かる場合は助詞を省くことが多いです。

② 어떤 게 있어요？：どんなものがありますか？「뭐가 있어요？（何がありますか）」の「뭐」は聞きたい対象そのものがわからないとき、「어떤」は詳しいことを知りたいときに用います。게は것（もの、こと）に助詞の이「～が」が合わさったものの縮約形です。

＊것は「もの、こと」を表す語ですが、話し言葉では「거」になります。本文のスキットの「어떤 게 있어요?」は어떤 것이 있어요?の縮約形です。

※「것（もの・こと）＋助詞」の縮約形

것이ことが＝게、것은ことは＝건、것을ことを＝걸/거になります。

③ 스포츠：発音するとき [스포 ~ 츠] のように伸ばさないようにしましょう。

④ 한국 문화：発音は [한궁무놔]。[문화] と発音される場合もあります。[문화] の [화] は語中で弱くなる（ㅎの弱音化）ので [문와] → [무놔] となります。

⑤ 잠깐만：잠のパッチムは「ㅁ」なので、ちゃんと唇を閉じる「ㅁ」で発音すべきですが、じっさいには [장깜만] と聞こえる場合もあります。

⑦ 리포트：大学などで課題として出されるレポートのこと。레포트という表記も見かけますが、正しいのは리포트です。ほかに과제（課題）、보고서（報告書）とも言います。

● ポイントレッスン ●

1 -고 싶다　～したい　224

動詞の語幹に「-고 싶다」をつけると「～したい」という表現になります。語幹末にパッチムがあってもなくてもそのまま -고 싶다をつけます。해요体は -고 싶어요 です。고はつまるパッチム（p.30）の後につくと［꼬］と発音されます。

例 찍다（撮る）→ 찍고［찍꼬］싶어요.（撮りたいです）

練習1 次の単語を「-고 싶어요」の形にしてみましょう。　225

① 먹다 ：＿＿＿＿＿＿＿＿　② 살다 ：＿＿＿＿＿＿＿＿

③ 듣다 ：＿＿＿＿＿＿＿＿　④ 사다 ：＿＿＿＿＿＿＿＿

練習2 次の絵を見て「～したい」という文を完成させましょう。　226

例 

① 

② 

③ 

④ 

例（유람선 / 을 / 타다）　：유람선을 타고 싶어요.　遊覧船に乗りたいです。

①（우주 / 에 / 가다）　：＿＿＿＿＿＿＿＿

②（아이돌 / 을 / 만나다）　：＿＿＿＿＿＿＿＿

③（한국 소설 / 을 / 읽다）　：＿＿＿＿＿＿＿＿［일꼬］

④（김밥 / 을 / 만들다）　：＿＿＿＿＿＿＿＿

練習3 次の会話を完成させましょう。　227

① A：무슨 영화를 보고 싶어요?　B：＿＿＿＿＿＿＿＿
(한국 영화)[한궁영화]

② A：뭐 마시고 싶어요?　B：＿＿＿＿＿＿＿＿
(막걸리)[막껄리]

③ A：어떤 운동을 하고 싶어요?　B：＿＿＿＿＿＿＿＿
(수영)

④ A：어디에 살고 싶어요?　B：＿＿＿＿＿＿＿＿
(서울)

単語　228

□ 살다 住む　□ 듣다 聞く　□ 사다 買う　□ 유람선 遊覧船　□ -를/을 타다 ～に乗る　□ 우주 宇宙
□ 아이돌 アイドル　□ -를/을 만나다 ～に会う　□ 소설 小説　□ 읽다 読む　□ 김밥 海苔巻き　□ 만들다 作る
□ 막걸리 マッコリ　□ 수영 水泳

2 -네요　～ですね、ますね。

229

　-네요は見聞きしたことに対し新鮮なおどろきや感嘆を表わす表現です。動詞や形容詞などの語幹に-네요をつけるだけでOKです。※ただしㄹ語幹の場合はㄹを取って-네요をつけます。

例 달다（甘い）ㄹ脱落→ 달＋네요 → 다네요（甘いですね）

　※네요が付くと発音が変わるものもあるので練習しましょう。

　　찍네요［찡네요］「撮りますね」　듣네요［든네요］「聞きますね」　덥네요［덤네요］「暑いですね」

練習1 次の単語を「-네요」の形にしてみましょう。

230

① 들리다 ：＿＿＿＿＿＿＿＿　② 자다 ：＿＿＿＿＿＿＿＿

③ 놀다　：＿＿＿＿＿＿＿＿　④ 먹다 ：＿＿＿＿＿＿＿＿

練習2 次の絵を見て文を完成させましょう。　※助詞は가/이を使いましょう。

231

例 
① 
② 
③ 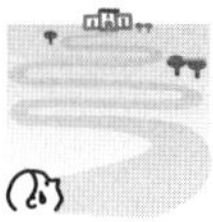
④ 
⑤ 

例（집 / 크다）　：집이 크네요.　家が大きいですね。

①（고양이 / 귀엽다）：＿＿＿＿＿＿＿＿

②（날씨 / 덥다）　：＿＿＿＿＿＿＿＿

③（슈퍼 / 멀다）　：＿＿＿＿＿＿＿＿

④（새소리 / 들리다）：＿＿＿＿＿＿＿＿

⑤（아이 / 잘 놀다）：＿＿＿＿＿＿＿＿

練習3 次の会話を「-네요」を使って完成してみましょう。

232

① A：이 집 음식 어때요?　この料理どうですか？　B：＿＿＿＿＿＿＿＿（좀 짜다）

② A：이 시계 어때요?　この時計どうですか？　B：＿＿＿＿＿＿＿＿（멋있다）

③ A：＿＿＿＿＿＿＿＿（날씨가 춥다）　B：오늘 영하 10도예요.

④ A：＿＿＿＿＿＿＿＿（사람이 많다）　B：오늘 세일이에요.

単語

233

□들리다 聞こえる　□자다 寝る　□놀다 遊ぶ　□집 家、店　□크다 大きい　□귀엽다 かわいい
□날씨 天気　□슈퍼 スーパー　□멀다 遠い　□새소리 鳥の声　□아이 子供　□잘 놀다 よく遊ぶ
□짜다 しょっぱい　□멋있다 かっこいい　□춥다 寒い　□영하 零下　□세일 セール

3 -ㄹ/을 거예요　～するつもり（予定）です、～でしょう、～と思います

🔊234

動詞や形容詞の語幹に -ㄹ/을 거예요をつけると「～つもりです/～つもりですか?」という「意思の表現」になります。主語が3人称の場合には「～でしょう、～と思います」という「推量の表現」になります。母音語幹の場合は -ㄹ 거예요、子音語幹の場合は -을 거예요、ㄹ語幹の場合はㄹを取って-ㄹ 거예요. をつけます。

なお、※거예요の거は［꺼］と発音します。

母音語幹	이기다 勝つ	→ 이기＋ㄹ 거예요	➡ 이길 거예요 勝つつもりです、勝つでしょう
子音語幹	먹다 食べる	→ 먹＋을 거예요	➡ 먹을 거예요 食べるつもりです、食べるでしょう
ㄹ語幹（ㄹ脱落）	멀다 遠い	→ 머＋-ㄹ 거예요	➡ 멀 거예요 遠いでしょう

춥다（寒い）の場合は語幹のㅂが脱落し、추울 거예요（ㅂ変則）「寒いでしょう」となります。

걷다（歩く）の場合はㄷがㄹに変わり걸을 거예요（ㄷ変則）「歩くつもりです」となります。

練習1 次の単語を「-(으)ㄹ 거예요」の形にしてみましょう。　🔊235

① 사다：　② 입다：　③ 재미있다：　④ 덥다（ㅂ変則）：

練習2 下記の語句を使って質問に答えてみましょう。

라디오를 듣다 / 파티하다 / 케이크를 만들다 / 한국에 유학 가다

① A：저녁에 뭐 할 거예요?　B：＿＿＿＿＿＿

② A：친구 생일에 뭐 할 거예요?　B：＿＿＿＿＿＿

③ A：크리스마스에 뭐 할 거예요?　B：＿＿＿＿＿＿

④ A：5년 후에 뭐 할 거예요?　B：＿＿＿＿＿＿

練習3 次の絵を見て「～でしょう、~と思います」という推量の表現にしてみましょう。　🔊236

①

②

③

④

① 가방이 ＿＿＿＿＿＿　② 친구가 ＿＿＿＿＿＿

③ 온천에 사람이 ＿＿＿＿＿＿　④ 한국은 지금 ＿＿＿＿＿＿

単語

🔊237

☐입다 着る（規則）　☐재미있다 面白い　☐듣다 聞く（ㄷ変則）　☐덥다 暑い（ㅂ変則）
☐파티하다 パーティーする　☐저녁 夕方　☐작다 小さい　☐선물 プレゼント　☐주다 あげる
☐크리스마스 クリスマス　☐데이트하다 デートする　☐유학 가다 留学する　☐후 後　☐비싸다（値段が）高い
☐바쁘다 忙しい　☐온천 温泉　☐없다 いない　☐지금 今　☐춥다 寒い（ㅂ変則）

やってみよう

一日が48時間なら何がしたいですか？　質問に-ㄹ/을 거예요で答えてみましょう。 238

① 몇 시간 자고 싶어요?　:（例：20）

② 어디에 가고 싶어요?　:（例：제주도）

③ 몇 시간 일할 거예요?　:（例：3）

聞いて答えてみよう

練習1 音声を聞いて質問に韓国語で答えてみましょう。 239

① 学校にどのようなサークルがありますか（5つ）?

② 彼女はどのサークルに入るつもりですか?

③ 音楽サークルでは何をしますか（2つ）?

練習2 音声を聞いて（　　）をうめてみましょう。 240

① 우리 학교에는 여러 (　　　　　　)가 있어요.	私の学校にはいろいろなサークルがあります。
② 어학, 스포츠, (　　　　　　), 음악, 미술…	語学、スポーツ、文化、音楽、美術…
③ 저는 (　　　　　　)을 더 알고 싶어요.	私は韓国の音楽がもっと知りたいです。
④ 그래서 음악 동아리에 (　　　　　　) 거예요.	それで音楽サークルに入るつもりです。
⑤ 한 달에 (　　　　　　) 발표회도 있어요.	月一回、発表会もあります。
⑥ 친구들과 (　　　　　　)에도 같이 가요.	友達とコンサートにも一緒に行きます。

書いてみよう

日本語に韓国語にしてみましょう。 241

① 私の会社にはサークルがあります。

② 釣り、登山、ハイキング、料理。

③ 私は韓国料理が作りたいです。

④ それで料理サークルに入るつもりです。

⑤ 月1回、料理大会もあります。

単語

242

□ 몇 시간 何時間　□ 제주도 済州島　□ 언제 いつ　□ 우리 私たち、私たちの（「私の」と訳してもOK）
□ 동아리 サークル　□ 문화 文化　□ 음악 音楽　□ 들어가다 入る　□ 한 달 ひと月　□ 한 번 一回
□ 발표회 発表会　□ 콘서트 コンサート　□ 회사 会社　□ 낚시 釣り　□ 등산 登山　□ 하이킹 ハイキング
□ 한국 요리 韓国料理　□ 요리 대회 料理大会

変則活用

これまで学んだ用言（動詞や形容詞など）の活用には3つのパターンがありました。

❶ **そのまま型** そのまま型（語幹の種類に関係なくそのままつけるパターン；-고 싶어요 -지요など）

❷ **으型** （語幹末にパッチムがある場合（子音語幹）「으」をつけるパターン；-ㄹ/을게요など）

❸ **아/어型** （語幹末の母音の種類によって-아/어を選らぶパターン；해요体など）

❷や❸の型で語幹末のパッチムや母音が変わったり、落ちたり不規則な活用＝**変則活用**をするものがあります。

1）**으変則活用**：語幹の最後が母音「ㅡ」で終わる用言のほとんどは아/어型の語尾をつける場合、母音「ㅡ」が脱落して残った子音と語尾の아/어が合わさります。母音「ㅡ」の直前の母音が「ㅏ, ㅗ」なら-아をつけます。「ㅏ, ㅗ以外」なら -어をつけます。ただし語幹が1文字のと きは「어」をつけます。

243

바쁘다 忙しい　**바**ㅃ ＋**아요** → **바빠요** 忙しいです

기쁘다 うれしい　**기**ㅃ ＋**어요** → **기뻐요** うれしいです

쓰다 書く　ㅆ ＋**어요** → **써요** 書きます

2）**르変則活用**：語幹の最後が「르」で終わる用言のほとんどは아/어型の語尾をつける場合、「르」が「-ㄹ라/-ㄹ러」になります。「르」の直前の母音が「ㅏ, ㅗ」なら-ㄹ라、「ㅏ, ㅗ以外」なら-ㄹ러をつけます。

244

모르다 知らない・わからない → **몰** ＋**라요** → **몰라요** → 知りません・わかりません

흐르다 流れる → **흘** ＋**러요** → **흘러요** → 流れます

3）**ㄷ変則活用**：語幹がパッチム「ㄷ」で終わる用言の一部は、아/어型や으型の語尾をつける場合、語幹末のパッチムㄷがㄹに変わります。

245

듣다 聞く　**들** ＋**어요** → 聞きます **들어요**　**듣다** → **들** ＋**을 거예요** → 聞くつもりです

걷다 歩く　**걸** ＋**어요** → 歩きます **걸어요**　**걷다** → **걸** ＋**을 거예요** → 歩くつもりです

4）**ㅂ変則活用**：語幹がパッチム「ㅂ」で終わる用言の一部は아/어型の語尾をつける場合、ㅂが脱落し、아/어が워に変わります。으型の語尾をつける場合、ㅂが脱落し、語尾の最初の으が우に変わります。

246

춥다 寒い　**추** ＋**워요** → 寒いです **추워요**　**춥다** → **추** ＋**울 거예요** → 寒いでしょう

※ただし돕다（手伝う）、곱다（きれいだ）は도와요（手伝います）、고와요（きれいです）になります。

5）**ㄹ語幹**：語幹が「ㄹ」で終わるとき、「ㄴ」「ㅂ」「ㅅ」「パッチムのㄹ」で始まる語尾の前でㄹが脱落します。

247

알다 知る → **알** ＋**ㅂ니다** → **아**＋**ㅂ니다** → **압니다** 知っています

알 ＋**ㄹ거예요** → **아**＋**ㄹ 거예요** → **알 거예요** 知っているでしょう

놀다 遊ぶ → **놀** ＋**네요** → **노**＋**네요** → **노네요** 遊んでますね（12課）

놀 ＋**세요** → **노**＋**세요** → **노세요** 遊んでください（13課）

練習1 空欄をうめましょう。 248

	原形（辞書形）	-아/아요 ～です・ます	-(으)ㄹ 거예요 ～するつもりです ～でしょう
으変則	예쁘다 きれいだ	예뻐요	예쁠 거예요
	아프다 痛い		
르変則	배부르다 満腹だ	배불러요	배부를 거예요
	다르다 異なる		
ㄷ変則	묻다 尋ねる	물어요	물을 거예요
	싣다 載せる		
ㅂ変則	어렵다 難しい	어려워요	어려울 거예요
	쉽다 やさしい、簡単だ		
	맵다 辛い		
	귀엽다 かわいい		
ㄹ語幹	살다 住む	살아요　　*삽니다	살 거예요
	놀다 遊ぶ	*	
	팔다 売る	*	

練習2 質問に「~です」や「~ではありません」などと答えてみましょう。 249

例 예방 주사가 어때요? 予防注射はどうですか？：痛いです 아파요.　痛くないです 안 아파요.

① 한국 김치 맛이 어때요?　：辛いです ________　辛くないです ________

② TOPIK문제가 어때요?　：やさしいです ________　難しいです ________

③ 여자 친구가 어때요?　：かわいいです ________　きれいです ________

④ 내일 날씨가 어때요?　：暑いです ________　寒いです ________

練習3 質問に「~するつもりです」または「~でしょう」と答えてみましょう。 250

例 어디에서 팔아요?　：(시장에서 팔다) 시장에서 팔 거예요.
どこで売っていますか？　市場で売っているでしょう。

① 어디에서 살아요?　：(서울에서 살다) ________

② 뭐 할 거예요?　：(공원을 걷다) ________

③ 무슨 노래를 불러요?　：(한국 노래를 부르다) ________

④ 남자 친구도 와요?　：(안 오다) ________

単語 251

□ 예방 주사　予防注射　□ 어때요?　どうですか　□ 여자 친구　彼女　□ 귀엽다　かわいい　□ 날씨　天気
□ 덥다　暑い　□ 시장　市場　□ 뭐　何　□ 공원　公園　□ 걷다　歩く　□ 무슨　何の

まとめの練習問題3

練習1 (　　) に適切な語句を入れてみましょう。 252

숙제 / 연기 / 앉을까요 / 최고예요 / 먹고 싶어요 / 묵을 거예요 / 안 들어요

① 한국 음식 중에 불고기가 (　　　　　　　　　　).

② 옷이 마음에 (　　　　　　　　　　).

③ 학교에서 (　　　　　　　　　　)을/를 할 거예요.

④ 주인공이 (　　　　　　　　　　)을/를 잘해요.

⑤ 저기 벤치에 (　　　　　　　　　　)?

⑥ 오늘은 고기를 (　　　　　　　　　　).

⑦ 명동에서 (　　　　　　　　　　).

練習2 次の会話を完成してみましょう。(へヨ体を用いて) 253

서울에서 살다 / 경복궁에 가다 / 텐트가 필요하다 / 생선을 굽다

① A : 캠핑 준비에 뭐가 필요해요?
B : ______________________________

② A : 어디에서 살고 싶어요?
B : ______________________________

③ A : 서울에서 뭐 할 거예요?
B : ______________________________

④ A : 저녁에 뭐 만들어요?
B : ______________________________

練習3 次の表を埋めてみましょう。 254

	-ㄹ/을까요? ～しましょうか?	-ㄹ/을게요 ～しますね (誓い、約束)	-ㄹ/을 거예요 ～するつもりです 主語によって「～でしょう」
가다　行く	갈까요?	갈게요	갈 거예요
보다　見る			
먹다　食べる			
살다　住む			
(ㄷ変) 듣다　聞く			
(ㅂ変) 돕다　手伝う			

単語 255

□ 숙제 宿題　□ 연기 演技　□ 최고 最高　□ 묵다 泊まる　□ 주인공 主人公　□ 벤치 ベンチ
□ 경복궁 景福宮　□ 텐트 テント　□ 생선 魚　□ 굽다(ㅂ変) 焼く　□ 일찍 早く　□ 저녁 夕方

練習4 次の文を-ㄹ/을게요（誓い、約束）、-ㄹ/을 거예요（つもり、予定）にしてみましょう。 256

例 일찍 일어나다 : 일찍 일어날게요. / 일찍 일어날 거예요.
早くおきますよ。/ 早く起きるつもりです。

① 담배를 끊다 : ______ ______

② 저녁에 산책하다 : ______ ______

③ 아침은 꼭 먹다 : ______ ______

④ 매일 책을 읽다 : ______ ______

練習5 次の文を-ㄹ/을 거예요（推量）にしてみましょう。 257

① 사람이 많다 : ______

② 영화가 재미있다 : ______

③ 내일은 춥다 : ______

④ 시장에서 팔다 : ______

練習6 次の会話を例のように作ってみましょう。 258

例 A :(뭐 먹다?) 뭐 먹을까요?
何を食べましょうか?
B :(간장게장) 간장게장 먹고 싶어요.
カンジャンケジャンを食べたいです。

① A :(뭐 보다?) ______ B :(액션 영화) ______

② A :(어디 앉다?) ______ B :(테라스석) ______

③ A :(뭐 듣다?*) ______ B :(댄스음악) ______

④ A :(뭐 만들다?) ______ B :(찌개) ______

練習7 次の会話を例のように作ってみましょう。 259

例 A :(낙지볶음이 맵다) 낙지볶음이 맵지요?
ナクチポックムは辛いでしょう?
B :(네. 조금 맵다) 네. 조금 맵네요.
はい。少し辛いですね。

① A :(지금 바쁘다) ______ B :(네. 조금 바쁘다) ______

② A :(이 드라마 재미없다) ______ B :(네. 재미없다) ______

③ A :(내일부터 세일이다) ______ B :(네. 세일이다) ______

④ A :(아이들이 귀엽다) ______ B :(네. 귀엽다) ______

単語 260

□ 담배 タバコ □ 끊다 やめる □ 산책하다 散歩する □ 시장 市場 □ 팔다 売る
□ 간장게장 カンジャンケジャン □ 액션 영화 アクション映画 □ 테라스석 テラス席 □ 댄스음악 ダンス音楽
□ 낙지볶음 ナクチポックム □ 세일이다 セールだ □ 귀엽다 かわいい

第13課

サークルの集まりに行ってきました。

동아리 모임에 갔다 왔어요.

学習目標：① 해요体の過去形
② -세요/으세요　～してください

スキット

聞いてみよう 261 ノーマルスピード

윤 기 ① 오늘은 많이 늦었네요?

레이나 ② 선배하고 동아리 모임에 갔다 **왔어요**.

윤 기 ③ 저녁도 같이 **먹었어요**?

레이나 ④ 아니요. 아직 안 **먹었어요**.

윤 기 ⑤ 그럼 지금 **나오세요**. 내가 저녁 살게요.

레이나 ⑥ 정말요? 그럼 제가 맛집 찾아볼게요.

ユンギ ① 今日はずいぶん遅いですね。
レイナ ② 先輩とサークルの集まりに行ってきました。
ユンギ ③ 夕ご飯も一緒に食べました？
レイナ ④ いいえ。まだ食べていないです。
ユンギ ⑤ それじゃ今出てください。僕が夕飯おごります。
レイナ ⑥ え？本当？じゃ、おいしい店調べますね。

262

- 오늘　今日
- 많이　たくさん、とても
- 늦었네요　遅いですね
- 선배　先輩
- -하고　～と
- 동아리 모임　サークルの集まり
- 갔다 오다　行ってくる
- 저녁　夕方
- 아직　まだ
- 그럼　それでは
- 지금　今
- 나오세요　出てください
- 저녁　夕飯
- 살게요　おごります（←사다買う）
- 정말요?　本当ですか？
- 맛집　美味しい店、グルメ店
- 찾아보다　調べる、探してみる

声に出して読んでみよう

263 ゆっくりめ

윤 기 ❶ 오늘은《[오느른]》 많이《[마니]》 늦었네요《[느전네요]》?

레이나 ❷ 선배하고 동아리 모임에《[모이메]》 갔다 왔어요《[갇따와써요]》.

윤 기 ❸ 저녁도《[저녁또]》 같이《[가치]》 먹었어요《[머거써요]》?

레이나 ❹ 아니요. 아직 안 먹었어요《[머거써요]》.

윤 기 ❺ 그럼 지금 나오세요. 내가 저녁 살게요《[살께요]》.

레이나 ❻ 정말요《[정말료]》? 그럼 제가 맛집《[맏찝]》 찾아볼게요《[차자볼께요]》.

スキットの解説

❶ 오늘은：助詞「은」は主題を表すほかに強調を表す場合にも使われます。「いつもと違って今日は～」と言う意味で、レイナのことが気になるユンギの気持が現れています。

❷ 모임：모이다（集まる）＋-(으)ㅁ（名詞化語尾）＝모임（集まり）です。걷기 모임 ウォーキング同好会、명상 모임 瞑想同好会、독서 모임 読書会、학부모 모임 保護者会など様々な「모임」があります。

❸ 저녁도：夕ご飯も。저녁은ではなく저녁도と言ったユンギの気持ちが伝わります。サークルの集まりも一緒に参加して、ご飯も一緒に食べたのか、気になりますね。

❹ 아직：まだ、いまだ（に）、なお。아직 자요「まだ寝ています。」아직 학생이에요「まだ学生です。」아직 멀었어요「まだまだです。」（＜まだ遠いです。）

❻ 정말요?：[정말료]、[정마료] 発音は二通りあります。

＊맛집：맛（味）＋집（家、店）＝おいしい店、グルメ店。この単語は1980年代も登場しますが、本格的に使われ始めたのは 1990 年代後半からです。インターネットの発展とともにおいしいお店を検索するときのキーワード#맛집として広がったのでしょう。

ポイントレッスン

1 해요体の過去形

264

❖過去形の作り方

먹었어요（食べました）のような해요体の過去形は、語幹に-았어요/었어요をつけて作ります。疑問形は -았어요?/었어요? になります。

① 語幹末の母音が「ㅏ/ㅗ」の場合は語幹に **-았**어요をつけます。

놀다 遊ぶ → 놀＋**았**어요 → 놀았어요（遊びました）

받다 もらう → 받＋**았**어요 → 받았어요（もらいました）

※母音語幹の場合は縮約形（脱落、合体）になります。

가다 行く → 가＋았어요 → 갔어요. 行きました。

보다 見る → 보＋았어요 → 봤어요. 見ました。

② 語幹末の母音が「ㅏ / ㅗ以外」の場合は **-었**어요をつけます。

읽다 読む → 읽＋었어요? → 읽었어요? 読みましたか?

먹다 食べる → 먹＋었어요? → 먹었어요? 食べましたか?

※母音語幹の場合は縮約形（脱落、合体）になります。

자다 寝る → 자＋았어요 → 잤어요 寝ました。

마시다 飲む → 마시＋었어요 → 마셨어요 飲みました。

되다 なる → 되＋었어요 → 됐어요 なりました。

※ 합니다体の過去形は-았습니다/었습니다をつければOKです。疑問形は-았습니까?/었습니까? になります。

〈해요体の過去形〉	〈합니다体の過去形〉
받았어요.	받았습니다. もらいました。
먹었어요?	먹었습니까? 食べましたか?

※ 하다の過去形は**했**어요、**했**습니다ですが書き言葉（論文や検定試験など）では**하였습니다**と書きます。

※ 名詞＋-(이)다（〜だ）の過去形

・パッチムで終わる名詞の場合

선생님＋이다 → 선생님**이었**어요 / 선생님**이었**습니다　先生でした。

・母音で終わる名詞の場合

약사＋-(이)다 → 약사**였**어요 / 약사**였**습니다　薬剤師でした。

練習1 次の用言を過去形にしてみましょう。(해요体で) 265

例 
① 
② 
③ 
④ 

例 살다：살았어요

① 웃다　　　：＿＿＿＿＿＿＿＿　　② 씻다　　：＿＿＿＿＿＿＿＿

③ 잊어버리다：＿＿＿＿＿＿＿＿　　④ 싫어하다：＿＿＿＿＿＿＿＿

練習2 下線のところを過去形にして文を完成してみましょう。(해요体で) 266

① 늦게 일어나다　　　：＿＿＿＿＿＿＿＿＿＿＿＿＿＿＿＿

② 전철역까지 뛰어가다：＿＿＿＿＿＿＿＿＿＿＿＿＿＿＿＿

③ 계단에서 넘어지다　：＿＿＿＿＿＿＿＿＿＿＿＿＿＿＿＿

④ 아파서 울다　　　　：＿＿＿＿＿＿＿＿＿＿＿＿＿＿＿＿

練習3 (　　)の単語を해요体の過去形にして文を読んでみましょう。 267

① 작년 여름에 친구들과 한국여행을 (하다) ＿＿＿＿＿＿. 서울에서 3박 4일 (묵다) ＿＿＿＿＿＿.

② 날씨가 정말 (좋다) ＿＿＿＿＿＿. 경복궁도 (구경하다) ＿＿＿＿＿＿. 한복도 (입다) ＿＿＿＿＿＿.

③ 사진도 많이 (찍다) ＿＿＿＿＿＿. 가족 선물로 카카오숍에서 캐릭터인형을 (사다) ＿＿＿＿＿＿.

④ 겨울에 또 오고 싶어요. 그때는 부산에 가고 싶어요.

▶ 表現が広がる過去を表す語彙 ◀ 268

아까	さっき	작년 [장년]	昨年
지난 주말	先週の週末	재작년	一昨年
어제	昨日	5년 전	5年前
지난주	先週	10년 전	10年前
지난달	先月	옛날 [옌날]	昔

単語 269

□ 살다 住む　□ 웃다 笑う　□ 씻다 洗う　□ 잊어버리다 忘れる　□ 싫어하다 嫌う　□ 늦게 遅く
□ 전철역 電車の駅　□ 뛰어가다 走って行く　□ 계단 階段　□ 넘어지다 転ぶ　□ 아파서 痛くて　□ 울다 泣く
□ 묵다 泊まる　□ 좋다 いい　□ 구경하다 見物する　□ 입다 着る　□ 캐릭터 인형 キャラクター人形
□ 찍다 (写真を) 撮る

やってみよう 次の質問に答えてみましょう。(해요体で) 270

例 과자, 친구, 공원, 7, 우유, 옷

(子供のとき) ① 뭘 잘 먹었어요? (何をよく食べましたか?)

② 누구하고 놀았어요? (誰と遊びましたか?)

③ 어디에 잘 갔어요? (どこによく行きましたか?)

(昨日) ④ 몇 시간 잤어요? (何時間寝ましたか?)

⑤ 뭘 마셨어요? (何を飲みましたか?)

⑥ 뭘 샀어요? (何を買いましたか?)

2 -세요/으세요　～してください 271

丁寧に命令するときに使います。母音語幹の場合は-세요、子音語幹の場合は-으세요、ㄹ語幹の場合はㄹを取って-세요をつけます。

※ㄷ変則の場合はㄷがㄹに変わって、-으세요をつけます。

싣다 のせる　실＋으세요 → 실으세요　のせてください

※ㅂ変則の場合はㅂが우に変わり-우세요となります。

굽다 焼く　구＋우세요 → 구우세요　焼いてください

練習1 次の単語を「-세요/으세요」の形にしてみましょう。 272

① 보다: ＿＿＿＿　② 읽다: ＿＿＿＿　③ 일어나다: ＿＿＿＿　④ 도와주다: ＿＿＿＿

⑤ 듣다: ＿＿＿＿　⑥ 줍다: ＿＿＿＿　⑦ 만들다: ＿＿＿＿　⑧ 팔다: ＿＿＿＿

練習2 (　　) の中の単語を使って次の絵を見て文を完成させましょう。 273

①

②

③

④

① (교실 / 에서 / 조용히 하다) : ＿＿＿＿＿＿＿＿＿＿＿＿

② (여기 / 에 / 앉다) : ＿＿＿＿＿＿＿＿＿＿＿＿

③ (많이 / 걷다) : ＿＿＿＿＿＿＿＿＿＿＿＿

④ (창문 / 을 / 열다) : ＿＿＿＿＿＿＿＿＿＿＿＿

単語 274

□누구 誰　□도와주다 手伝ってあげる・くれる　□줍다 拾う　□만들다 作る　□팔다 売る　□교실 教室
□조용히 하다 静かにする　□여기 ここ　□앉다 座る　□많이 たくさん　□걷다 歩く　□창문 窓
□열다 開ける　□들어가다 入る　□만지다 触る

禁止命令「～しないでください」は-지 마세요を語幹にそのままつけて使います。

例 들어가다 入る→ 들어가지 마세요 入らないでください。

만지다 触る→ 만지지 마세요 触らないでください。

聞いて答えてみよう

練習1 音声を聞いて質問に韓国語で答えてみましょう。 275

① 昨日、先輩とどこに行きましたか?

② 夕方(に)はどこに行きましたか?

③ 何を食べましたか?

練習2 音声を聞いて(　　)をうめてみましょう。 276

① 어제는 선배를 (　　　　　).	昨日は先輩に会いました。
② 선배하고 롯데월드에 (　　　　　).	先輩とロッテワールドに行ってきました。
③ 제트코스타를 (　　　　　).	ジェットコースターに乗りました。
④ 저녁에는 명동에 갔어요.	夕方には明洞に行きました。
⑤ 명동에서 즉석떡볶이를 (　　　　　).	明洞で即席トッポキを食べました。
⑥ 오늘은 정말 (　　　　　).	今日は本当に楽しかったです。

書いてみよう

日本語を韓国語にしてみましょう。 277

① 昨日は友達と会いました。 ＿＿＿＿＿＿＿＿

② デパートに行ってきました。 ＿＿＿＿＿＿＿＿

③ 一緒に韓国料理を食べました。美味しかったです。 ＿＿＿＿＿＿＿＿

④ 夜には映画を見ました。 ＿＿＿＿＿＿＿＿

⑤ 今日はとても楽しかったです。 ＿＿＿＿＿＿＿＿

コラム

즉석떡볶이(即席トッポキ)

テーブルに材料を用意しておき、お客さんが鍋に好きな材料を入れ、お好みに調理するタイプのトッポキ。食べ終わった後、残ったスープにご飯ときざみ海苔を入れて炒めて食べるのがまた楽しい。

単語 278

□백화점 デパート □갔다 오다 行ってくる □같이 一緒に □즐겁다 楽しい(ㅂ変則) □한국 요리 韓国料理 □밤 夜 ※즐거웠어요:즐겁다の過去形. ㅂ変則活用をするのでㅂが脱落し、-웠어요になる。

第14課

一緒に行けますか?

같이 갈 수 있어요?

学習目標：① -ㄹ/을 수 있다・없다　～することができる/できない
② -지만　～けれど、~だけど

スキット

聞いてみよう 279 ノーマルスピード

윤 기 ❶ 다음 달에 일본에 갈 거예요.

레이나 ❷ 그래요? 도쿄에서 집을 찾을 거예요?

윤 기 ❸ 네. 레이나 씨도 같이 **갈 수 있어요**?

레이나 ❹ 가고 **싶지만** 지금은 **갈 수 없어요**.

윤 기 ❺ 아쉽네요. 그럼 갔다 올게요.

레이나 ❻ 네. 잘 다녀오세요.

ユンギ ❶ 来月日本に行きます。
レイナ ❷ そうですか。東京で家を探すつもりですか?
ユンギ ❸ はい。レイナさんも一緒に行けますか?
レイナ ❹ 行きたいけれど今は行けません
ユンギ ❺ 残念ですね。では行ってきます。
レイナ ❻ はい。気を付けて行ってらっしゃい。

280

- 다음 달　来月
- 일본　日本
- 그래요?　そうですか?
- 찾을 거예요　探します (←찾다)
- 집　家
- 갈 수 있어요?　行けますか? (←가다)
- 가고 싶지만　行きたいけれど
- 갈 수 없어요　行けません (←가다)
- 아쉽네요　残念ですね (←아쉽다)
- 그럼　それでは
- 갔다 올게요　行ってきます (←갔다 오다)
- 잘　気を付けて
- 다녀오세요　行ってらっしゃい (←다녀오다)

● 声に出して読んでみよう ♪ ●

281 ゆっくりめ

윤 기 ❶ 다음 달에《[다음 따레]》 일본에《[일보네]》 갈 거예요《[갈꺼에요]》.

레이나 ❷ 그래요? 도쿄에서 집을《[지블]》 찾을 거예요《[차즐꺼에요]》?

윤 기 ❸ 네. 레이나 씨도 같이《[가치]》 갈 수《[갈 쑤]》 있어요《[이써요]》?

레이나 ❹ 가고 싶지만《[십찌만]》 지금은《[지그믄]》 갈 수《[갈 쑤]》 없어요《[업써요]》.

윤 기 ❺ 아쉽네요《[아쉼네요]》. 그럼 갔다 올게요《[갇따 올께요]》.

레이나 ❻ 네. 잘 다녀오세요.

● スキットの解説 ●

※ユンギは会社をやめて日本に留学することになりました。留学準備のため、これから日本へ向かいます。

❶ 다음 달：発音は [다음딸]。「다음 (次の)」の後ろの「달 (月)」は濃音として発音されます。来週を意味する「다음 주」も「다음쭈」と発音します。

❷ 찾을 거예요?：家を探しているときは「집을 찾다」以外に「집을 알아보다、집을 구하다」なども使います。

＊도쿄：日本の地名をハングル表記するときにはここに注意！
토우쿄ではなく「도쿄」。伸ばす音はハングルでは表記しません。

例 교토 (○) 쿄우토 (×)、니가타 (○) 니이가타 (×)、오사카 (○) 오오사카 (×)

❸ 갈 수 있어요?：[갈쑤이써요] と発音します。語尾の -ㄹ/을の後ろのㄱやㅅなどは 濃音として発音します。

例 갈 거예요 [갈꺼에요] 行くつもりです

❺ 아쉽네요：基本形は「아쉽다」です。ㅂ変則活用をするので、ヘヨ体は「아쉬워요」となります。

＊갔다 올게요：これよりもっと丁寧な表現に「다녀올게요」があります。基本形は「다녀오다」です。あいさつ言葉の「다녀오겠습니다 行ってきます」、「다녀왔습니다 ただいま」などでよく耳にします。

❻ 잘 다녀오세요：잘は「よく、うまく」という意味ですが、ここでは「気を付けて、無事に」という意味です。다녀오세요は다녀오다の語幹に세요がついて丁寧な命令の表現になっています。

ポイントレッスン

1 -ㄹ/을 수 있다・없다　～することができる/できない　〈可能・不可能の表現〉 282

「～することができる」という「可能の表現」は動詞などの語幹に -ㄹ/을 수 있다をつけて作ります。해요体は、母音語幹の場合は -ㄹ 수 있어요、子音語幹の場合には -을 수 있어요、ㄹ語幹の場合はㄹを取って-ㄹ 수 있어요をつけます。

※-ㄹ/을 수の수は［쑤］と読みます。

가다 行く　**가 + ㄹ 수 있다**　→ **갈 수 있어요.**　行くことができます

앉다 すわる　**앉 + 을 수 있다**　→ **앉을 수 있어요.**　座ることができます

例 콘서트에 갈 수 있어요.　コンサートに行けます。

※「～することができない」という「不可能の表現」は、있다を없다に置き換えればOKです。

놀다 遊ぶ　**노 + ㄹ 수 없다**　→ **놀 수 없어요.**　遊ぶことができません

（ㄹ脱落）

例 혼자 놀 수 없어요.　ひとりで遊べません。

練習1 下線のところを「-ㄹ/을 수 있어요」、「-ㄹ/을 수 없어요」の形にして文を書いてみましょう。 283

例 마라톤을 하다　：마라톤을 할 수 있어요.　/ 마라톤을 할 수 없어요.
マラソンすることができます。　マラソンすることができません。

① 한국 소설을 읽다　：______________ / ______________

② 차를 운전하다　：______________ / ______________

③ 산낙지를 먹다　：______________ / ______________

④ 금방 울다　：______________ / ______________

練習2 次の年齢でできること（○）、できないこと（×）を助詞を入れて文にしてみましょう。 284

① 1세：숟가락을 잡다（○）　：______________

② 2세：볼을 던지다（○）　：______________

③ 3세：혼자, 먹다（○）　：______________

④ 15세：술을 마시다（×）　：______________

⑤ 18세：담배를 피우다（×）　：______________

単語 285

□ 마라톤 マラソン　□ 한국 소설 韓国小説　□ 운전하다 運転する　□ 산낙지 活タコ　□ 금방 今すぐ
□ 울다 泣く　□ 숟가락 スプーン　□ 잡다 握る、つかむ　□ 볼 ボール　□ 던지다 投げる　□ 혼자 ひとりで
□ 담배 タバコ　□ 피우다 吸う

練習3 次の語句を-ㄹ/을 수 있어요?の疑問文に直して答えてみましょう。 286

例 
4시에 일어나다　4시에 일어날 수 있어요?
4時に起きることができますか？
네. 일어날 수 있어요 / 아니요. 일어날 수 없어요.
はい、起きることができます。/ いいえ、起きることができません。

① 
물구나무서다 ________________________
네. ____________ / 아니요. ____________

② 
많이 먹다 ________________________
네. ____________ / 아니요. ____________

③ 
스키를 타다 ________________________
네. ____________ / 아니요. ____________

2 -지만　～けれど、～が　〈逆説の表現〉 287

動詞や形容詞などの語幹に -지만をつけると「～けれど、～が」のような逆説の表現になります。

例 맵다（辛い）→ 맵지만 辛いけれど → 맵지만 맛있어요. 辛いけれどおいしいです。

※「～だったが、～したが」のように過去の表現にしたいときは語幹に-았/었지만をつけます。

例 찍다（撮る）→ 찍＋었지만 → 찍었지만 撮ったけれど

練習1 次の動詞と形容詞を「-지만」の形にしてみましょう。 288

① 듣다：__________　② 공부하다：__________　③ 먹었다：__________

④ 예쁘다：__________　⑤ 맵다：__________　⑥ 좋았다：__________

練習2 次の文を「-지만」を使って一文にしてみましょう。 289

例 컴퓨터는 편리하다＋비싸요　：컴퓨터는 편리하지만 비싸요. パソコンは便利だけど高いです。

① 치킨은 맛있다＋살쪄요　：________________________

② 여행은 신나다＋금방 끝나요　：________________________

③ 호텔방은 넓다＋추워요　：________________________

④ 일은 적다＋힘들어요　：________________________

⑤ 아침 먹었다＋배고파요　：________________________

単語 290

□ 물구나무서다 逆立ちする　□ 스키 スキー　□ 편리하다 便利だ　□ 비싸다（値段が）高い　□ 치킨 チキン
□ 살찌다 太る　□ 여행 旅行　□ 신나다 楽しい　□ 금방 すぐ　□ 끝나다 終わる　□ 호텔방 ホテルの部屋
□ 넓다 広い　□ 춥다 寒い　□ 적다 少ない　□ 힘들다 つらい、大変だ　□ 아침 朝ごはん　□ 배고프다 空腹だ

練習3 次の質問に対して「-지만 -아/어요」を使っての答えてみましょう。 291

例 공포영화는 어때요? (무섭다 / 재미있다) : 무섭지만 재미있어요.
ホラー映画はどうですか?　　　　　　　　怖いけれど面白いです。

① 해외 여행은 어때요? (비싸다 / 즐겁다) : ______

② 한국 요리는 어때요? (맵다 / 맛있다) : ______

③ 한국어 공부는 어때요? (어렵다 / 좋아하다) : ______

④ 한국 드라마는 어때요? (내용이 복잡하다 / 재미있다) : ______

プラスでお得!

動詞や形容詞などの並列を表す表現 「-고」～して、～くて、～で 292

前後の事柄を並べて言うときに用います。基本形から-다を取り、そのまま-고をつけます。

・먹다 食べる ➡ 먹고 [먹꼬] 食べて

밥도 먹고 커피도 마셔요. ご飯も食べてコーヒーも飲みます。

・키가 크다 背が高い ➡ 키가 크고 背が高くて

언니는 키가 크고 예뻐요. 姉は背が高くてきれいです。

練習 次の文を「-고」使って例のように一文にしてみましょう。(해요体を用いて) 293

例 날씨가 춥다 + 비도 오다 → 날씨가 춥고 비도 와요.　天気が寒くて雨も降っています。

① 맛이 좋다 + 가격도 싸다 : ______

② 사람이 적다 + 조용하다 : ______

やってみよう できることとできないことを言ってみましょう。 294

① 운전할 수 있어요? : ______

② 춤 출 수 있어요? : ______

③ 한국어로 노래 부를 수 있어요? : ______

④ 김치를 만들 수 있어요? : ______

ほかにもあなたのできることとできないことを言ってみましょう。

単語 295

□ 무섭다 怖い　□ 해외 海外　□ 여행 旅行　□ 즐겁다 楽しい　□ 맵다 辛い　□ 어렵다 難しい
□ 내용 内容　□ 복잡하다 複雑だ　□ 재미있다 おもしろい　□ 가격 価格　□ 적다 少ない
□ 조용하다 (形) 静かだ　□ 운전하다 運転する　□ 춤 추다 踊る

聞いて答えてみよう

練習1 音声を聞いて質問に韓国語で答えてみましょう。 296

① 友達はいつ日本に行きますか？

② 私も日本に行けますか？

③ 私は明日何をするつもりですか？

練習2 音声を聞いて（　　）をうめてみましょう。 297

① 친구가 다음 주에 일본에 (　　　　　　).　　友達が来週、日本に行く予定です。

② 그 친구는 아이돌 (　　　　　　)에 가요.　　彼女はアイドルのファンミに行きます。

③ 저도 같이 (　　　　) (　　　　) 갈 수 없어요.　　私も一緒に行きたいけど、行けません。

④ 저는 다음 주부터 (　　　　　　)이에요.　　私は来週から試験です。

⑤ 내일부터 도서관에서 (　　　　　　).　　明日から図書館で勉強するつもりです。

⑥ 저는 (　　　　) (　　　　)에 갈 거예요.　　私は次のコンサートに行くつもりです。

書いてみよう

日本語を韓国語にしてみましょう。 298

① 姉（누나）は来週、韓国に行く予定です。 ____________________

② 釜山に行きます。 ____________________

③ 私も一緒に行きたいけど、行けません。 ____________________

④ 私は明日から会社に出勤します。 ____________________

⑤ 私もいつか済州島に行きたいです。 ____________________

単語 299

□ 다음 주 来週　□ 부터 ～から（助詞）　□ 시험 試験　□ 내일 明日　□ 도서관 図書館　□ 공부하다 勉強する
□ 팬미팅 ファンミーティング　□ 다음 次の　□ 콘서트 コンサート　□ 부산 釜山　□ 출근하다 出勤する
□ 언젠가 いつか　□ 제주도 済州島

まとめの練習問題4

練習1 適切な単語を入れてみましょう。 300

구경하세요 / 조용히 하세요 / 여세요 / 어렵지만 / 싫어하지만 / 읽을 수 있어요 / 뛰지 마세요

① 도서관에서는 (   ).
② 조금 더워요. 창문을 (   ).
③ 한국 소설을 (   ).
④ 한국어 공부는 (   ) 재미있어요.
⑤ 계단에서 (   ).
⑥ 산낙지는 (   ) 낙지볶음은 좋아해요.
⑦ 서울에서 남대문시장을 (   ).

練習2 次の表を埋めてみましょう。 301

	-세요/으세요 ～してください	-ㄹ/을 수 있어요 ～することができます	-지만 ～けれども
가다　行く	가세요	갈 수 있어요	가지만
오다　来る			
읽다　読む			
(ㅂ変) 돕다　手伝う			
(ㄷ変) 듣다　聞く			
(ㄹ語) 만들다　作る			

練習3 次の文をヘヨ体の過去形にしてみましょう。 302

例 어제는 1시간 공부하다 : 어제는 1시간 공부했어요.　昨日は1時間勉強しました。

① 아침에 토스트를 먹다 : ________________
② 어제 한국에서 돌아오다 : ________________
③ 아까 뉴스를 보다 : ________________
④ 맥주를 많이 마시다 : ________________

練習4 次の絵を見て-세요/으세요「～してください」、あるいは-지 마세요「～しないでください」と書いてみましょう。 303

例 (여기에 쓰다) : 여기에 쓰세요.　ここに書いてください。

① (의자에 앉다) : ________________

② (사진을 찍다) : ________________

③ (갔다 오다) : ________________

④ (여기에 놓다) : ________________

単語 304

□ 구경하다　見物する　□ 조용히 하다　静かにする　□ 열다　開ける　□ 어렵다　むずかしい　□ 싫어하다　嫌いだ
□ 뛰다　走る　□ 창문　窓　□ 한국 소설　韓国小説　□ 계단　階段　□ 산낙지　サンナクチ（活タコ）
□ 낙지볶음　タコ炒め　□ 토스트　トースト　□ 아까　さっき　□ 갔다 오다　行って来る　□ 놓다　置く

練習5 例のように -ㄹ/을 수 있어요, -ㄹ/을 수 없어요と書いてみましょう。 305

例 수영을 하다 : 수영을 할 수 있어요 / 수영을 할 수 없어요.
泳ぐことができます。/ 泳ぐことができません。

① 순대를 먹다 : ________________ / ________________

② 피아노를 치다 : ________________ / ________________

③ 잡채를 만들다 : ________________ / ________________

④ 혼자 여행 가다 : ________________ / ________________

練習6 次の会話文を完成してみましょう。 306

例 한국말을 할 수 있다

A : 한국말을 할 수 있어요?
韓国語ができますか?

B : 네. 할 수 있어요. / 아니요. 할 수 없어요.
はい。できます。/ いいえ。できません。

① A : 뜨개질을 하다 ________________? B : ________________ / ________________

② A : 강아지가 사람 말을 알아듣다 ________________? B : ________________ / ________________

*③ A : 주말에 놀다 ________________? B : ________________ / ________________

*④ A : 모임에 가다 ________________? B : ________________ / ________________

練習7 「-지만」を使って文を完成してみましょう。 307

例 재미있다 / 피곤하다 : 재미있지만 피곤해요.　面白いけれど疲れます。

① 즐겁다 / 어렵다 : ________________

② 맛있다 / 비싸다 : ________________

③ 무섭다 / 재미있다 : ________________

④ 마음에 들다 / 안 사다 : ________________

練習8 次の会話文を完成してみましょう。 308

例 A : 회사일이 어때요?
会社の仕事はどうですか?

B : (재미있다 / 좀 피곤하다) 재미있지만 좀 피곤해요.
面白いですけど少し疲れます。

① A : 책 내용이 어때요? B : (어렵다 / 재미있다) ________________

② A : 음식 맛이 어때요? B : (싱겁다 / 맛있다) ________________

〈過去形にしてみましょう〉

③ A : 여행이 어땠어요? B : (힘들다 / 즐겁다) ________________

④ A : 서울은 어땠어요? B : (복잡하다 / 구경을 많이 하다) ________________

単語 309

□ 순대 スンデ(豚の腸詰め)　□ 뜨개질 編み物　□ 강아지 子犬　□ 사람 말 人の言葉　□ 알아듣다 理解する
□ 주말 週末　□ 모임 集まり　□ 즐겁다 楽しい　□ 무섭다 怖い　□ 마음에 들다 気に入る　□ 내용 内容
□ 싱겁다 味が薄い　□ 복잡하다 複雑だ・混雑している　□ 힘들다 大変だ　□ 구경(을) 하다 見物する

発音変化のルール

発音上手になるためのルールをいくつか覚えておきましょう。

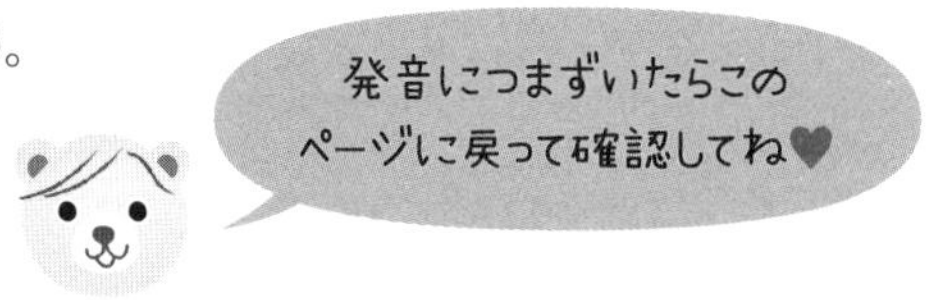

❶ 語中では濁る子音がある！（有声音化）

310

平音のㄱ, ㄷ, ㅂ, ㅈは母音のあとやㅁ, ㄴ, ㅇ, ㄹパッチムのあとで濁音になります。

例 고기 [kogi] 肉　　구두 [kudu] 靴　　기자 [kiʤa] 記者
　친구 [tʃ^{h}ingu] 友だち　　갈비 [kalbi] カルビ　　일본 [ilbon] 日本

❷ 連音化

311

・ㅇ以外のパッチムのあとに、母音がつづく場合は、パッチムの子音が次の母音とつながって発音されます。

例 단어 ⇒ [다너] 単語　음악 ⇒ [으막] 音楽
　회사원이에요. ⇒ [회사워니에요] 会社員です。

・ㄱ, ㄷ, ㅂ, ㅈパッチムは連音化すると、濁ります！

例 먹어요 ⇒ [머거요] 食べます
　맞아요 ⇒ [마자요] 合ってます

・二重パッチムの場合は二つ目の子音が連音化します。

例 읽어요 ⇒ [일거요] 読みます

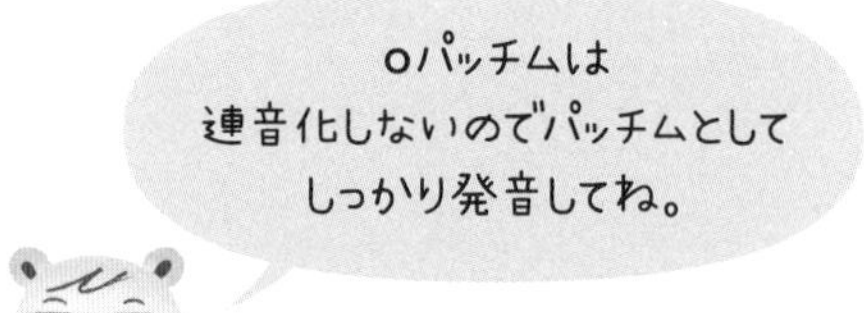

例 호랑이 [ho·raŋ·i] トラ

❸ 濃音化

312

つまるパッチムㅂ[p], ㄷ[t], ㄱ[k] の直後にㄱ, ㄷ, ㅂ, ㅅ, ㅈがくると、それぞれの濃音 [ㄲ, ㄸ, ㅃ, ㅆ, ㅉ] に発音が変わります。

例 식당 ⇒ [식땅] 食堂
　잡지 ⇒ [잡찌] 雑誌
　학생 ⇒ [학쌩] 学生
　숟가락 ⇒ [숟까락] スプーン
　맛집 ⇒ [맏찝] グルメ店

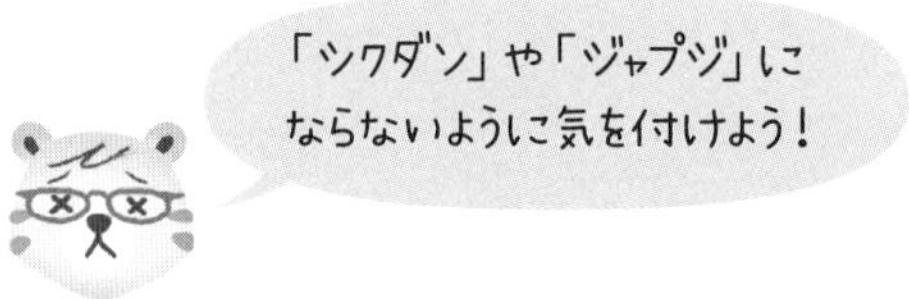

❹ 激音化

313

パッチムㅂ[p], ㄷ[t], ㄱ[k] の直後にㅎがくると、パッチムはㅎと合体してそれぞれの激音 [ㅍ, ㅌ, ㅋ] になります。パッチムㅎのあとにㄱ, ㄷ, ㅈが来ても同様に激音化します。

例 입학 ⇒ [이팍] 入学　　축하 ⇒ [추카] 祝賀　　못해요 ⇒ [모태요] できません
　좋겠다 ⇒ [조켇따] いいな〜　　많다 ⇒ [만타] 多い

❺ ㅎの弱化・無音化

314

パッチムㅁ, ㄴ, ㅇ, ㄹのあとにㅎがくると、ㅎが弱くなり、ほとんど聞こえなくなります（弱化）。またパッチムㅎの直後に母音がくるとㅎは無音になるので、連音化しません（無音化）。

例 번호 ⇒［버노］番号　　일하다 ⇒［이라다］働く　　삼 호선 ⇒［사모선］三号線

좋아요 ⇒ 좋아요 ⇒［조아요］いいです　　많아요 ⇒ 많아요 ⇒［마나요］多いです

※영화は［영화］、［영와］どちらもOK。

❻ 鼻音化

315

① つまるパッチムㅂ[p], ㄷ[t], ㄱ[k] のあとにㅁ、ㄴがくると、

それぞれ ㅂ→ㅁ, ㄷ→ㄴ, ㄱ→ㅇ と発音が変化します。

例 입니다 ⇒［임니다］〜です　　거짓말 ⇒ 거짇말 ⇒［거진말］うそ

막내 ⇒［망내］末っ子

② またㄴ, ㄹ以外のパッチム（ㄱ, ㄷ, ㅁ, ㅂ, ㅇ）のあとにㄹがくるとㄹ → ㄴに変化します。

※ただしㅂ, ㄷ,ㄱパッチムはそれぞれ鼻音化（ㅂ→ㅁ, ㄷ→ㄴ, ㄱ→ㅇ）が生じます。

例 대통령 ⇒［대통녕］大統領　　심리 ⇒［심니］心理

※협력 ⇒［협녁］⇒［혐녁］協力　　국립 ⇒［국닙］⇒［궁닙］国立

❼ 流音化（ㄴがㄹになる）

316

パッチムㄹの直後にㄴがくるとき、またはパッチムㄴの後にㄹがくるとき、どちらもㄹㄹと発音されます。

例 한류 ⇒［할류］韓流　　연락 ⇒［열락］連絡　　실내 ⇒［실래］室内

관람 ⇒［괄람］観覧

※鼻音の直後のㄹはㄴになります。 例 동료 ⇒［동뇨］同僚、심리［심니］心理

❽ 口蓋音化

317

パッチムㄷ, ㅌのあとに이がくると、それぞれ지, 치と発音されます。

例 맏이 ⇒［마지］長男、長女　　같이 ⇒［가치］一緒に

❾ ㄴ[n]挿入

318

合成語（二つ以上の単語が組み合わさってできた語）の場合、前の単語がパッチムで終わって、後ろの単語が이, 야, 여などで始まるとき、その母音にㄴ[n]音が挿入されて発音されます。

例 웬일 ⇒［웬닐］どういうこと　　시청역 ⇒［시청녁］市庁駅

알약 ⇒［알냑］⇒［알략］丸薬（錠剤）

解答例

第1課

p.16 発音しているものを選んでみましょう！

① a.　② b.　③ a.　④ a.　⑤ a.　⑥ b.　⑦ b.

⑧ a.　⑨ a.

p.17 **クイズに挑戦 1**

① 여우　② 요요　③ 아이　④ 유아　⑤ 오이　⑥ 이

クイズに挑戦 2

이	우	야	에	유	아	우
애	유	으	이	에	요	아
요	요	아	아	예	이	유
우	예	여	이	오	아	오
여	요	우	으	이	아	야
유	이	오	어	으	애	어

第2課

p.19 音声を聞いて正しい方を選んでみよう！

① a.　② b.　③ a.　④ a.

p.22 **クイズに挑戦**

파리、커피、치즈、토마토、스프、피자、고추、코코아、

기타、치마、카메라、차

第3課

p.27 音声を聞いて正しい方を選んでみよう！

① a.　② b.　③ b.　④ a.

第4課

p.29 絵をみて単語にパッチムを入れてみよう

山 ㄴ、川 ㅇ、人 ㅁ、馬 ㄹ

p.30 音声を聞いて読んだ方の文字を選んでみよう！

① a.　② b.　③ a.　④ a.

p.33 やってみよう！ 音声を聞いて正しい方を選んでみましょう。　① b.　② a.

【日本語のハングル表記】

クイズに挑戦

お店　① 스타벅스　② 다이소

食べ物　① 샤부샤부　② 다코야키

地名　① 후지산　② 아사쿠사

人名　① 사카모토 료마　② 미야자키 하야오

③ 신카이 마코토

第5課

ポイントレッスン 1

練習

① 는　② 는　③ 는　④ 은　⑤ 은　⑥ 은

ポイントレッスン 2

練習1

① 이에요　② 예요　③ 이에요

④ 예요　⑤ 이에요　⑥이에요

練習2

① 아버지는 공무원이에요. 父は公務員です。

② 어머니는 간호사예요. 母は看護師です。

③ 취미는 게임이에요. 趣味はゲームです。

④ 꿈은 만화가예요. 夢は漫画家です。

⑤ 서울은 처음이에요. ソウルは初めてです。

⑥ 이름은 김남준이에요. 名前はキム・ナムジュンです。

ポイントレッスン 3

練習1

① 여권이에요?　② 김치예요?　③ 물이에요?

④ 컴퓨터예요?

練習2

① 오빠는 회사원이에요? 兄は会社員ですか。

② 누나는 간호사예요? 姉は看護師ですか。

③ 언니는 기자예요? 姉は記者ですか。

④ 형은 유튜버예요? 兄はYouTuberですか。

練習3

① A：회사원이에요? 会社員ですか。

B：네. 회사원이에요. はい。会社員です。

② A：간호사예요? 看護師ですか。

B：아니요. 미용사예요. いいえ。美容師です。

③ A：기자예요? 記者ですか。

B：네. 기자예요. はい。記者です。

④ A：유튜버예요? YouTuberですか。

B：아니요. 요리사예요. いいえ。料理師です。

やってみよう

이름은 김성우예요. 집은 부산이에요.

직업은 가수예요. 취미는 스키예요.

聞いて答えてみよう

〈スクリプト〉

안녕하세요.

저는 (① 이진우)라고 합니다. (② 한국 사람)이에요.

저는 (③ 회사원)이에요. 취미는 (④ 테니스)예요.

만나서 반가워요.

こんにちは。

私はイ・ジヌと言います。韓国人です。

私は会社員です。趣味はテニスです。

お会いできてうれしいです。

練習1

① 회사원이에요.　② 테니스예요.

練習2

① 이진우　② 한국 사람　③ 회사원　④ 테니스

書いてみよう

① 안녕하세요.

② 저는 사토 리나예요. 일본 사람이에요.

③ 저는 네일리스트예요. 취미는 요가예요.

④ 만나서 반갑습니다.

第6課

ポイントレッスン 1

練習

①이　②이　③가　④가　⑤이　⑥이

ポイントレッスン 2

練習1

① 고양이가 있어요 . 猫がいます。

고양이가 없어요. 猫がいません。

② 티켓이 있어요. チケットがあります。

티켓이 없어요. チケットがありません。

③ 지우개가 있어요. 消しゴムがあります。

지우개가 없어요. 消しゴムがありません。

④ 여동생이 있어요. 妹がいます。

여동생이 없어요. 妹がいません。

⑤ 숙제가 있어요. 宿題があります。

숙제가 없어요. 宿題がありません。

⑥ 아르바이트가 있어요. アルバイトがあります。

아르바이트가 없어요. アルバイトがありません。

練習2

① 자전거가 없어요. 自転車がありません。

② 돈이 없어요. お金がありません。

③ 우산이 없어요. 傘がありません。

④ 남자 친구가 있어요./여자 친구가 있어요.

彼氏/彼女がいます。

練習3

① A：메뉴에 돈가스가 있어요?

メニューにトンカツがありますか。

B：네. 메뉴에 돈가스가 있어요.

はい。メニューにトンカツがあります。

② A：학교에 편의점이 있어요?

学校にコンビニがありますか。

B：아니요. 학교에 편의점이 없어요.

いいえ。学校にコンビニはありません。

③ A：집에 마당이 있어요? 家に庭がありますか。

B：네. 집에 마당이 있어요. はい。家に庭があります。

④ A：방에 텔레비전이 있어요?

部屋にテレビがありますか。

B：아니요. 방에 텔레비전이 없어요.

いいえ。部屋にテレビがありません。

ポイントレッスン 3

練習1

① (교과서, 물, 지갑, 핸드폰, 우산, 모자の中の2つ) 가/이 있어요.

② 네. 있어요.　③ 아니요. 없어요.

練習2

① (コンビニに何がありますか。)

우유가 있어요. 빵이 있어요. 복사기도 있어요.

牛乳があります。パンがあります。コピー機もあります。

② (薬局に何がありますか。)

감기약이 있어요. 마스크가 있어요 멀미약도 있어요.

風邪薬があります。マスクがあります。酔い止め薬もあります。

③ (家に誰がいますか。)

오빠가 있어요. 여동생이 있어요. 남동생도 있어요.

兄がいます。妹がいます。弟もいます。

④ (学校に誰がいますか。)

선생님이 있어요. 학생이 있어요. 친구도 있어요.

先生がいます。学生がいます。友だちもいます。

やってみよう

① (한국 친구가 있어요? 韓国の友だちがいますか。)

네. 한국 친구가 있어요./아니요. 한국 친구가 없어요.

はい。韓国の友だちがいます。/ いいえ。韓国の友だちがいません。

② (형제가 있어요?兄弟がいますか。)

네. 형제가 있어요./아니요. 형제가 없어요.

はい。兄弟がいます。/ いいえ。兄弟がいません。

③ (좋아하는 아이돌이 있어요? 好きなアイドルがいますか。)

네. 좋아하는 아이돌이 있어요./아니요. 좋아하는 아이돌이 없어요.

はい。好きなアイドルがいます。/ いいえ。好きなアイドルがいません。

④ (취미가 있어요? 뭐예요? 趣味がありますか。何ですか。)

네. 있어요. 테니스예요. はい。あります。テニスです。

聞いて答えてみよう

〈スクリプト〉

여기는 제 방이에요.	ベッドがあります。
(침대)가 있어요.	ここは私の部屋です。
(책상)이 있어요.	机があります。
(자전거)도 있어요.	自転車もあります。
텔레비전은 (없어요).	テレビはありません。

練習1

練習2

① 침대　② 책상　③ 자전거　④ 없어요

書いてみよう

① 여기는 남동생 방이에요.　② 소파가 있어요.

③ 게임기가 있어요.　④ 빨래도 있어요.

⑤ 지금 남동생은 없어요.

第７課

ポイントレッスン 1

練習1

① 세수해요. 顔を洗います。

② 화장해요. 化粧します。

③ 일해요. 仕事します

④ 아르바이트해요. アルバイトします。

⑤ 유명해요. 有名です。

⑥ 친절해요. 親切です。

練習2

① 세수해요. 顔を洗います。　② 화장해요. 化粧します。

③ 쇼핑해요. 買い物します。　④ 운동해요. 運動します。

練習3

① 아버지는 청소해요. 父は掃除します。

② 어머니는 요리해요. 母は料理します。

③ 나는 파마해요. 私はパーマをかけます。

④ 남동생은 야구해요. 弟は野球をします。

ポイントレッスン 2

練習1

① 침대하고 소파　② 밥그하고 국그릇

③ 슬리퍼하고 방석　④ 비누하고 샴푸

練習2

① 카드하고 영수증이 있어요. カードとレシートがあります。

② 강아지하고 나무가 있어요. 子犬と木があります。

③ 물하고 콜라가 있어요. 水とコーラがあります。

ポイントレッスン 3

練習

① 역에서 만나요. 駅で会いましょう。

② 백화점에서 만나요. 百貨店で会いましょう。

③ 공항에서 만나요. 空港で会いましょう。

④ 스타벅스에서 만나요. スターバックスで会いましょう。

やってみよう

① 세종대왕 동상 앞에서 만나요.

世宗大王の銅像の前で会いましょう。

② 서울 타워 아래에서 만나요.

ソウルタワーの下で会いましょう。

③ 개찰구 옆에서 만나요.

改札口の横で会いましょう。

④ 교보문고 안에서 만나요.

教保文庫の中で会いましょう。

聞いて答えてみよう

〈スクリプト〉

(주말)에 캠핑해요.

그런데 젓가락(하고) 냄비가 없어요.

친구하고 시부야에서 (만나요).

(같이) 쇼핑해요.

아! 텐트도 (필요해요).

週末、キャンプに行きます。

ところでお箸と鍋がありません。

友達と渋谷で会います。

一緒に買い物します。

あ！テントも必要です。

練習1

① 캠핑해요. ② 시부야에서 만나요. ③ b. 숟가락

練習2

① 주말 ② 하고 ③ 만나요 ④ 같이 ⑤ 필요해요

書いてみよう

① 주말에 파티해요.

② 그런데 맥주하고 안주가 없어요.

③ 친구하고 슈퍼에서 만나요.

④ 같이 쇼핑해요.

⑤ 아! 풍선도 필요해요.

まとめの練習問題 1

練習1

〈家族〉① 아버지 ② 어머니 ③ 나 ④ 남동생

〈家族〉① 만화가 ② 기자 ③ 미용사 ④ 요리사

⑤유튜버

〈場所〉① 약국 ② 역 ③ 백화점 ④ 공항 ⑤ 슈퍼

練習2

① 저는 김미선이에요. 한국 사람이에요. 학생이에요.

私はキム・ミンソンです。韓国人です。学生です。

② 저는 히데키예요. 일본 사람이에요. 미용사예요.

私はヒデキです。日本人です。美容師です。

練習3

① (A：아버지예요? お父さんですか。)

B：네. 아버지예요. はい。おとうさんです。

② (A：남동생이에요? 弟ですか。)

B：아니요. 남동생이 아니에요.

いいえ。弟ではありません。

練習4

① 침대가 없어요. ② 시계가 있어요.

③ 책상이 있어요. ④ 사람이 없어요.

練習5

① 디즈니랜드에 미키마우스가 있어요. 도널드덕이 있어요. 미니마우스도 있어요.

ディズニーランドにミッキーマウスがいます。ドナルドダックがいます。ミニーマウスもいます。

② 파우치에 립스틱이 있어요. 거울이 있어요. 핸드크림도 있어요.

ポーチの中にリップスティックがあります。鏡があります。ハンドクリームもあります。

練習6

① 운동해요 ② 메일해요 ③ 조용해요 ④ 필요해요

練習7

① 쇼핑몰에서 만나요.

ショッピングモールで会いましょう。

② 공원에서 만나요. 公園で会いましょう。

第8課

ポイントレッスン 1

練習1

① 씻어요　② 찍어요　③ 놀아요　④ 만들어요

⑤ 받아요　⑥ 알아요　⑦ 앉아요　⑧ 많아요

⑨ 멀어요　⑩ 입어요

練習2

① 책을 읽어요. 本を読みます。

② 사진을 찍어요. 写真を撮ります。

③ 불고기를 만들어요. プルコギを作ります。

④ 손을 씻어요. 手を洗います。

ポイントレッスン 2

練習1

① (고기 먹어요? 肉をたべますか。)

네. 먹어요./아니요. 안 먹어요.

はい。食べます。/いいえ。たべません。

② (김치 만들어요? キムチを作りますか。)

네. 김치 만들어요./아니요.안 만들어요.

はい。作ります。/いいえ。作りません。

③ (공포영화 좋아해요? ホラー映画は好きですか。)

네. 좋아해요./아니요. 안 좋아해요.

はい。好きです。/いいえ。好きではありません。

④ (발가락 양말 신어요? 五本指靴下を履きますか。)

네.신어요./아니요. 안 신어요.

はい。履きます。/いいえ。履きません。

練習2

① 생선을 안 좋아해요. 魚は好きではありません。

② 회사가 멀지 않아요. 会社が遠くありません。

③ 오늘은 날씨가 안 좋아요.

今日は天気がよくありません。

④ 한국어는 어렵지 않아요. 韓国語は難しくないです。

やってみよう

練習1

점심은 언제나 친구하고 먹어요. 근처에 냉면가게가 있어요. 그 가게는 인기가 많아요. 토요일은 자리가 별로 없어요.

「昼食はいつも友だちと食べます。近所に冷麺のお店があります。その店はとても人気があります。土曜日はあまり席がありません。」

練習2

① 친구들하고 같이 파티를 해요.

友だちといっしょにパーティーをします。

② 저는 한복을 입어요. 私は韓服を着ます。

③ 남자 친구가 음식을 만들어요.

彼氏が料理を作ります。

④ 선물도 많이 받아요.

プレゼントをたくさんもらいます。

⑤ 사진도 많이 찍어요. 写真もたくさん撮ります。

聞いて答えてみよう

〈スクリプト〉

토요일 오전에는 (숙제해요).

오후에는 책을 (읽어요).

저녁에는 공원에서 강아지하고 (놀아요).

일요일 점심에는 친구를(만나요).

일요일에는 일 (안)(해요).

카페의 테라스 자리에서 점심을(먹어요).

이번 주는 기분이 아주(좋아요).

土曜日の午前 (に) は宿題します。

午後 (に) は本を読みます。

夕方 (に) は公園で犬と遊びます。

日曜日の昼 (に) は友達に会います。

日曜日 (に) は仕事しません。

カフェのテラス席で昼ご飯を食べます。

今週はとても気分がいいです。

練習1

① 숙제해요.　② 책을 읽어요.　③ 친구를 만나요.

練習2

① 숙제해요　② 읽어요　③ 놀아요　④ 만나요

⑤안 해요　⑥먹어요　⑦좋아요

書いてみよう

① 토요일 오후에 운동해요.

② 밤에는 만화를 읽어요.

③ 늦게까지 놀아요.

④ 일요일 아침에는 빵을 먹어요.

⑤ 일요일은 청소 안 해요.

⑥ 주말은 기분이 좋아요.

第９課

ポイントレッスン 1

練習1

① 일어나요　② 보내요　③ 와요　④ 춤춰요
⑤ 기다려요　⑥ 봬요　⑦ 사랑해요　⑧ 뛰어요
⑧ 만나요　⑩ 다녀요

練習2

① 토요일에 콘서트에 가요.
土曜日にコンサートに行きます。

② 응원부채를 준비해요.
応援用うちわを準備します。

③ 밤에 콘서트가 끝나요.
夜にコンサートが終わります。

④ 퇴근길에서 기다려요. 帰り道で待ちます。

練習3

① （土曜日に約束はありますか。）
아니요, 토요일은 집에서 쉬어요.
いいえ。土曜日は家で休みます。

② （朝に何をしますか。）
커피를 마셔요.コーヒーを飲みます。

③ （韓国ドラマが好きですか。）
네. 매일 봐요.はい。毎日見ます。

④ （どこで買い物をしますか。）
이마트에서 사요.イーマートで買います。

練習4

① 저는 밤에 목욕해요.
私は夜にお風呂に入ります。

② 남동생은 한국어를 배워요.
弟は韓国語を学びます。

③ 지민 씨는 아침에 샤워해요.
チミンさんは朝シャワーをします。

④ 남준 씨는 영어를 가르쳐요.
ナムジュンさんは英語を教えます。

ポイントレッスン 2

練習1

① （野菜が好きですか。）
네. 좋아해요. はい。好きです。

② （コーヒーが好きですか。）
아니요. 안 좋아해요. 홍차를 좋아해요.
いいえ。好きではありません。紅茶が好きです。

③ （猫が好きですか。） 네. 좋아해요. はい。好きです。

④ （バスが好きですか。）
아니요. 안 좋아해요. 전철을 좋아해요.
いいえ。好きではありません。電車が好きです。

練習2

① （ホラー映画が好きですか?）
아니요. 좋아하지 않아요.

② （市場が好きですか?） 네. 좋아해요.

③ （カラオケが好きですか?） 네. 좋아해요.

④ （果物が好きですか?） 아니요. 좋아하지 않아요.

やってみよう

① 이태원에 가요. 梨泰院に行きましょう。

② 뮤지컬을 봐요. ミュージカルを見ましょう。

③ 시부야에서 쇼핑해요. 渋谷で買い物しましょう。

④ 커피를 마셔요. コーヒーを飲みましょう。

聞いて答えてみよう

〈スクリプト〉

오늘은 1시까지 (일해요).
퇴근 후에 여자 친구하고 영화를 (봐요).
여자 친구는 공포영화를 (좋아해요).
저는 공포영화를 (안) (좋아해요).
저녁에 치즈닭갈비를 (먹어요).
저는 (초밥)을 좋아해요.ㅠㅠ
今日は1時まで仕事です。
退社後に彼女と映画を見ます。
彼女はホラー映画が好きです。
僕はホラー映画は好きではありません。
夕食でチーズダッカルビを食べます。
僕は寿司が好きです。

練習1

① 여자 친구하고 영화를 봐요.

② 공포영화를 좋아해요.

③ 치즈닭갈비를 먹어요.

練習2

① 일해요　② 봐요　③ 좋아해요

④ 안 좋아해요　⑤ 먹어요　⑥ 초밥

書いてみよう

① 오늘은 밤까지 일해요.

② 퇴근 후에 혼자서 저녁을 먹어요.

③ 저는 혼밥을 좋아해요.

④ 오늘 메뉴는 불고기예요.

⑤ 저는 생선을 안 좋아해요.

数詞のまとめ

練習2

① 한　② 두　③ 세　④ 아홉

やってみよう

〈食堂で注文してみましょう〉

「すみませ〜ん。キンパプ2つ、トッポッキ2人分、ラーメン1つください」

「全部でいくらですか」「全部で19,600ウォンです」

〈洋服の店で買い物してみましょう〉

「この帽子いくらですか」「30,000ウォンです」

「はい。では、これをください」

〈コスメショップで買い物してみましょう〉

「ハンドクリームはありますか」「はい。こちらです。」

「いくらですか」「5,000ウォンです」

「はい。それをください」

第10課

ポイントレッスン 1

練習1

① 먹습니다 食べます　② 읽습니다 読みます

③ 봅니다 見ます　④ 운동합니다 運動します

⑤ 만듭니다 作ります　⑥ 부채입니다 うちわです

練習2

① A：한국 소설을 읽습니까? 韓国の小説を読みますか。

B：네. 읽습니다. はい。読みます。

② A：면세점에서 팝니까? 免税店で売っていますか。

B：네. 팝니다. はい。売っています。

③ A：이것이 막차입니까? これは終電ですか。

B：네. 막차입니다. はい。終電です。

④ A：회사까지 멉니까? 会社まで遠いですか。

B：네. 멉니다. はい。遠いです。

練習3

① 오늘 최고 기온은 35도입니다.

今日の最高気温は35度です。

② 덥겠습니다. 暑くなるでしょう。

③ 내일은 가끔 소나기가 오겠습니다.

明日は時々にわか雨が降るでしょう。

④ 습기가 많겠습니다. 湿気が多いことでしょう。

ポイントレッスン 2

練習1

① 커피를 마시러 카페에 가요.

コーヒーを飲みにカフェに行きます。

② 떡볶이를 먹으러 식당에 가요.

トッポッキを食べに食堂に行きます。

③ 책을 읽으러 도서관에 가요.

本を読みに図書館に行きます。

④ 자전거를 타러 한강에 가요.

自転車を乗りに漢江に行きます。

練習2

① 아버지는 과자를 만들러 요리교실에 가요.

父はお菓子を作りに料理教室に行きます。

② 어머니는 옷을 팔러 벼룩시장에 가요.

母は服を売りにフリーマーケットに行きます。

練習3

① A：미나 씨,어디 가요?

ミナさん、どこへ行きますか。

B：헬스클럽에 가요. スポーツジムへ行きます。

A：헬스클럽에 왜 가요?

スポーツジムへなぜ行きますか。

B：운동하러 가요. 運動をしに行きます。

② A：(略) B：한국에 가요. 韓国に行きます。

A：한국에 왜 가요? 韓国になぜ行きますか。

B：친구를 만나러 가요. 友だちに会いに行きます。

③ A：(略) B：방송국에 가요. 放送局に行きます。

A：방송국에 왜 가요? 放送局になぜ行きますか。

B：공개방송을 보러 가요. 公開放送を見に行きます。

やってみよう

안녕하세요. 저는 이민수 ① (라고 합니다).

こんにちは。私はイ・ミンスといいます。

안녕하십니까? 저는 다나카 ② (입니다).

こんにちは。私は田中です。

③ 반갑습니다. お目にかかれて嬉しいです。

④ 잘 부탁드립니다. どうぞよろしくお願いいたします。

聞いて答えてみよう

〈スクリプト〉

내일은 친구 (생일)입니다.

친구는 (한국어)를 공부합니다.

오늘은 선물을 (사러) 쇼핑몰에 갑니다.

친구는 문구를 좋아합니다.

내일, (한국 식당)에서 친구와 만납니다.

우리는 (한국어)로 이야기합니다.

明日は友達の誕生日です。

友達は韓国語を勉強しています。

今日はプレゼントを買いにショッピングモールに行きます。

友達は文具が好きです。

明日、韓国食堂で友達と会います。

私たちは韓国語で話します。

練習1

① 친구 생일입니다.　② 선물을 사러 갑니다.

③ 한국어로 이야기합니다.

練習2

① 생일　② 한국어　③ 사러　⑤ 한국 식당

⑥ 한국어

書いてみよう

① 내일은 엄마 생일입니다.

② 엄마는 수영을 배웁니다.

③ 오늘은 수영복을 사러 백화점에 갑니다.

④ 내일 저녁에 가족과 함께 식사합니다.

まとめの練習問題2

練習1

① 저는 화요일에 아버지하고 집에서 영화를 봐요.

私は火曜日に父と家で映画を見ます。

② 저는 수요일에 어머니하고 백화점에서 쇼핑해요.

私は水曜日に母と百貨店で買い物をします。

③ 저는 목요일에 학교에서 선배하고 만나요.

私は木曜日に学校で先輩と会います。

④ 저는 금요일에 혼자 공원에서 뛰어요.

私は金曜日に一人で公園で走ります。

⑤ 저는 토요일에 동생하고 도서관에서 책을 읽어요.

私は土曜日に弟と図書館で本を読みます。

⑥ 저는 일요일에 친구하고 집에서 요리를 만들어요.

私は日曜日に友だちと家で料理を作ります。

練習2

저는 시장을 (① 좋아해요). 일요일에는 시장에 가요. 시장에서 고기하고 (② 야채)를 사요. 아! 오늘은 친구 (③ 생일 선물)도 사요. 친구에게 (④ 한복)을 선물해요. 혼자서 점심을 (⑤ 먹어요). 시장 포장마차 떡볶이는 너무 (⑥ 맛있어요).

私は市場が好きです。日曜日には市場へ行きます。市場では肉や野菜を買います。あっ、今日は友だちの誕生日プレゼントも買います。友だちには韓服をプレゼントします。一人でお昼ご飯を食べます。市場の屋台のトッポッキはとてもおいしいです。

練習3

① (納豆を食べますか。)

네. 먹어요. はい。食べます。

② (スカートをはきますか。)

아니요. 안 입어요. いいえ。はきません。

③ (ビールを飲みますか。)

네. 마셔요. はい。飲みます。

④ (毎日運動しますか。)

아니요. 안 해요. いいえ。しません。

練習4

① 개보다 고양이를 좋아해요. /

고양이보다 개를 좋아해요.

犬より猫が好きです。/ 猫より犬が好きです。

② 커피보다 홍차를 좋아해요. /

홍차보다 커피를 좋아해요.

コーヒーより紅茶が好きです。/

紅茶よりコーヒーが好きです。

練習5

① (今日は会社に行かない。) 안 갑니다. 行きません。

② (朝にサラダとパンを食る。) 먹습니다. 食べます。

③ (コーヒーも飲む。) 마십니다. 飲みます。

④ (お昼に運動する。) 합니다. 運動します。

⑤ (スポーツジムで自転車に乗る。) 탑니다. 乗ります。

⑥ (夕方インターネットで韓国映画を見る。)

봅니다. 見ます。

⑦ (私は医学ドラマが好きだ。) 좋아합니다. 好きです。

⑧ (夜には韓国音楽を聞く。) 듣습니다. 聞きます。

⑨ (12時に寝る。) 잡니다. 寝ます。

練習6

① 목욕탕에 목욕하러 가요.

銭湯にお風呂に入りに行きます。

② 요리교실에 케이크를 만들러 가요.

料理教室にケーキを作りに行きます。

練習7

① 화장실에 손을 씻으러 가요.

トイレに手を洗いに行きます。

② 한국에 콘서트 보러 가요.

韓国にコンサートを見に行きます。

③ 은행에 돈을 찾으러 가요.

銀行にお金をおろしに行きます。

④ 친구집에 놀러 가요. 友だちの家に遊びに行きます。

第11課

ポイントレッスン 1

練習1

① 예쁘지요? きれいでしょう?

② 넓지요? 広いでしょう?

③ 잘 먹지요? よく食べるでしょう?

④ 부자지요? お金持ちでしょう?

⑤ 맵지요? 辛いでしょう?

⑥ 무섭지요? 怖いでしょう?

⑦ 잘 팔리지요? よく売れますね?

⑧ 세일이지요? セールですよね?

練習2

① A：비가 많이 오지요?

雨がたくさん降るでしょう。

B：네.많이 와요. はい。たくさんふります。

② A：사람이 많지요? 人が多いでしょう。

B：네. 엄청 많아요. はい。とても多いです。

③ A：공휴일이지요? 祝日ですよね。

B：네. 공휴일이에요. はい。祝日です。

④ A：이거 한국 노래지요? これは韓国の歌ですよね。

B：네. 맞아요. はい。そのとおりです。

ポイントレッスン 2

練習1

① 같이 볼까요? いっしょに見ましょうか。

② 라면 먹을까요? ラーメン食べましょうか。

③ 사진 찍을까요? 写真撮りましょうか。

④ 찌개 만들까요? チゲ作りましょうか。

練習2

① A：피곤해요. 疲れました。

B：좀 쉴까요? 少し休みましょうか。

② A：찌개가 짜요. チゲがしょっぱいです。

B：물 좀 넣을까요? 水を少し入れましょうか。

③ A：드라마가 재미없어요. ドラマが面白くないです。

B：다른 드라마를 볼까요? 別のドラマを見ましょうか。

④ A：옷이 마음에 안 들어요. 服が気に入らないです。

B：다른 옷으로 바꿀까요?

他の服に取り替えましょうか。

練習3

① 명동에서 치즈 닭갈비를 먹을까요 ?

明洞でチーズタッカルビを食べましょうか。

② 뮤지컬을 볼까요? ミュージカルを見ましょうか。

③ 카카오숍에서 쇼핑할까요?

カカオショップで買い物しましょうか。

④ 어디서 묵을까요? どこで泊まりましょうか。

ポイントレッスン 3

練習1

① 알아볼게요. 調べます。 ② 예약할게요. 予約します。

③ 넣을게요. 入れます。 ④ 놀게요. 遊びます。

練習2

① 주말에 같이 쇼핑할게요. 週末一緒に買い物します。

② 매일 단어를 외울게요. 毎日単語を覚えます。

③ 술을 안 마실게요. お酒を飲みません。

④ 친구랑 사이좋게 놀게요 .友だちと仲良く遊びます。

練習3

① 제가 음료수를 가져갈게요.
私が飲み物を持って行きます。

② 제가 고기를 살게요. 私が肉を買います。

③ 제가 텐트를 준비할게요. 私がテントを準備します。

④ 제가 음식을 만들게요. 私が食べ物を作ります。

⑤ 제가 설거지를 할게요. 私が後片付けをします。

やってみよう

A：꽃이 참 예쁘지요? 花がほんとうにきれいですね。

B：무슨 꽃일까요? 何の花でしょうか。

A：음… 무슨 꽃일까요? うーん…何の花かな。

B：저도 잘… 제가 물어볼게요.
私もよくは…私が聞いてみますよ。

聞いて答えてみよう

〈スクリプト〉

오늘은 친구하고 뮤지컬을 (봐요).

주인공이 노래를 정말 (잘해요).

그리고 춤도 (멋있어요).

저는 한 달에 (한 번) 꼭 봐요.

그런데 친구는 오늘이 (처음이에요).

친구의 반응이 (기대돼요).

今日は友達とミュージカルをみます。

主人公は歌が本当に上手です。

そして踊りも上手です。

私は月に一回必ず見ています。

ところで友達は今日が初めてです。

友達の反応が楽しみです。

練習1

① 뮤지컬을 봐요. ② 한 달에 한 번 봐요.

③ 오늘이 처음이에요.

練習2

① 봐요 ② 잘해요 ③ 멋있어요

④ 한 번 ⑤ 처음이에요 ⑥ 기대돼요

書いてみよう

① 오늘은 남자친구하고 영화를 봐요.

② 주인공은 연기를 잘해요.

③ 저는 일주일에 한 번 영화를 봐요.

④ 그런데 남자친구는 1년에 한 번 영화를 봐요.

第12課

ポイントレッスン 1

練習1

① 먹고 싶어요. 食べたいです。

② 살고 싶어요. 住みたいです。

③ 듣고 싶어요. 聞きたいです。

④ 사고 싶어요. 買いたいです。

練習2

① 우주에 가고 싶어요. 宇宙に行きたいです。

② 아이돌을 만나고 싶어요. アイドルに会いたいです。

③ 한국 소설을 읽고 싶어요. 韓国の小説を読みたいです。

④ 김밥을 만들고 싶어요. キンパを作りたいです。

練習3

① A：무슨 영화를 보고 싶어요?
何の映画を見たいですか。

B：한국 영화를 보고 싶어요.
韓国映画を見たいです。

② A：뭐 마시고 싶어요? 何を飲みたいですか。

B：막걸리를 마시고 싶어요.
マッコリを飲みたいです。

③ A：어떤 운동을 하고 싶어요?
どんな運動をしたいですか。

B：수영을 하고 싶어요. 水泳をしたいです。

④ A：어디에 살고 싶어요? どこに住みたいですか。

B：서울에 살고 싶어요. ソウルに住みたいです。

ポイントレッスン 2

練習1

① 들리네요. 聞こえますね。 ② 자네요. 寝ますね。

③ 노네요. 遊びますね。 ④ 먹네요. 食べますね。

練習2

① 고양이가 귀엽네요. 猫がかわいいですね。

② 날씨가 덥네요. 天気が暑いですね。

③ 슈퍼가 머네요. スーパーが遠いですね。

④ 새소리가 들리네요. 鳥の声が聞こえますね。

⑤ 아이가 잘 노네요. 子どもがよく遊びますね。

練習3

① A：이 집 음식 어때요?

この店の食べ物はどうですか。

B：좀 짜네요. 少ししょっぱいですね。

② A：이 시계 어때요? この時計はどうですか。

B：멋있네요. かっこいいですね。

③ A：날씨가 춥네요. 天気が寒いですね。

B：오늘 영하 10도예요.

今日は零下10度です。

④ A：사람이 많네요. 人が多いですね。

B：오늘 세일이에요. 今日はセールです。

ポイントレッスン 3

練習1

① 살 거예요. 買うつもりです。

② 입을 거예요. 着るつもりです。

③ 재미있을 거예요. 面白いと思います。

④ 더울 거예요. 暑いと思います。

練習2

① A：저녁에 뭐 할 거예요?

方に何をするつもりですか。

B：라디오를 들을 거예요.

ラジオを聞くつもりです。

② A：친구 생일에 뭐 할 거예요?

友だちの誕生日に何をするつもりですか。

B：파티할 거예요. パーティーをするつもりです。

③ A：크리스마스에 뭐 할 거예요?

クリスマスに何をするつもりですか。

B：케이크를 만들 거예요. ケーキを作るつもりです。

④ A：5년 후에 뭐 할 거예요?

5年後に何をしているでしょうか。

B：한국에 유학 갈 거예요.

韓国に留学に行くと思います。

練習3

① 가방이 비쌀 거예요. カバンが高いと思います。

② 친구가 바쁠 거예요. 友だちが忙しいと思います。

③ 온천에 사람이 없을 거예요.

温泉に人がいないと思います。

④ 한국은 지금 추울 거예요

韓国は今寒いことでしょう。

やってみよう

① 몇 시간 자고 싶어요?

何時間寝たいですか。

（解答例）：(스무)시간 잘 거예요.

（20）時間寝ると思います。

② 어디에 가고 싶어요? どこに行きたいですか。

（解答例）：(제주도)에 갈 거예요.

（済州島）に行くつもりです。

③ 몇 시간 일할 거예요?

何時間仕事をするつもりですか。

（解答例）：(세)시간 일할 거예요.

（3）時間仕事をすると思います。

聞いて答えてみよう

우리 학교에는 여러 (동아리)가 있어요.

어학, 스포츠, (문화), 음악, 미술…

저는 (한국 음악)을 더 알고 싶어요.

그래서 음악 동아리에 (들어갈) 거예요.

한 달에 (한 번) 발표회도 있어요.

친구들과 (콘서트)에도 같이 가요.

私の学校にはいろいろなサークルがあります。

語学、スポーツ、文化、音楽、美術…

私は韓国の音楽がもっと知りたいです。

それで音楽サークルに入るつもりです。

月一回、発表会もあります。

友達とコンサートにも一緒に行きます。

練習1

① 어학, 스포츠, 문화, 음악, 미술이 있어요.

② 음악 동아리에 들어갈 거예요.

③ 한 달에 한 번 발표회가 있어요.

친구들과 콘서트에 가요.

練習2

① 동아리 ② 문화 ③ 한국 음악

④ 들어갈 ⑤ 한 번 ⑥ 콘서트

書いてみよう

① 우리 회사에는 동아리가 있어요.

② 낚시, 등산, 하이킹, 요리.

③ 저는 한국 요리를 만들고 싶어요.

④ 그래서 요리 동아리에 들어갈 거예요.

⑤ 한 달에 한 번, 요리 대회도 있어요.

変則活用

練習1

으変則	아프다	아파요	아플 거예요
르変則	다르다	달라요	다를 거예요
ㄷ変則	싣다	실어요	실을 거예요
ㅂ変則	쉽다	쉬워요	쉬울 거예요
	맵다	매워요	매울 거예요
	귀엽다	귀여워요	귀여울 거예요
ㄹ語幹	놀다	놀아요*놉니다	놀 거예요
	팔다	팔아요*팝니다	팔 거예요

練習2

① 한국 김치 맛이 어때요?

韓国のキムチの味はどうですか。

：매워요. 辛いです。 안 매워요. 辛くないです。

② TOPIK문제가 어때요?

TOPIKの問題はどうですか。

：쉬워요. やさしいです。 어려워요. 難しいです。

③ 여자 친구가 어때요? 彼女はどうですか。

：귀여워요. かわいいです。 예뻐요. きれいです。

④ 내일 날씨가 어때요? 明日の天気はどうですか。

：더워요. 暑いです。 추워요. 寒いです。

練習3

① 어디에서 살아요? どこに住みますか。

：서울에서 살 거예요. ソウルに住むつもりです。

② 뭐 할 거예요? 何をしますか。

：공원을 걸을 거예요. 公園を歩くつもりです。

③ 무슨 노래를 불러요? 何の歌を歌いますか。

：한국 노래를 부를 거예요. 韓国の歌を歌うつもりです。

④ 남자 친구도 와요? 彼氏も来ますか。

：안 올 거예요. 来ないと思います。

まとめの練習問題3

練習1

① 한국 음식 중에 불고기가 최고예요.

韓国の食べ物の中でプルコギが最高です。

② 옷이 마음에 안 들어요. 服が気に入りません。

③ 학교에서 숙제를 할 거예요.

学校で宿題をするつもりです。

④ 주인공이 연기를 잘해요. 主人公が演技が上手です。

⑤ 저기 벤치에 앉을까요?

あそこのベンチに座りましょうか。

⑥ 오늘은 고기를 먹고 싶어요.

今日は肉を食べたいです。

⑦ 명동에서 묵을 거예요. 明洞に泊まるつもりです。

練習2

① A：캠핑 준비에 뭐가 필요해요?

キャンプの準備に何が必要ですか。

B：텐트가 필요할 거예요. テントが必要でしょう。

② A：어디에서 살고 싶어요? どこで暮らしたいですか。

B：서울에서 살고 싶어요.ソウルで暮らしたいです。

③ A：서울에서 뭐 할 거예요?

ソウルで何をするつもりですか。

B：경복궁에 갈 거예요. 景福宮に行くつもりです。

④ A：저녁에 뭐 만들어요? 夕方何を作りますか。

B：생선을 구울 거예요. 魚を焼くつもりです。

練習3

보다	볼까요?	볼게요.	볼 거예요.
먹다	먹을까요?	먹을게요.	먹을 거예요.
살다	살까요?	살게요.	살 거예요.
듣다	들을까요?	들을게요.	들을 거예요.
돕다	도울까요?	도울게요.	도울 거예요.

練習4

① 담배를 끊을게요. タバコをやめます。

담배를 끊을 거예요. タバコをやめるつもりです。

② 저녁에 산책할게요. 夕方散歩します。

저녁에 산책할 거예요. 夕方散歩するつもりです。

③ 아침은 꼭 먹을게요. 朝ご飯は必ず食べます。

아침은 꼭 먹을 거예요. 朝ご飯は必ず食べるつもりです。

④ 매일 책을 읽을게요. 毎日本を読みます。

매일 책을 읽을 거예요. 毎日本を読むつもりです。

練習5

① 사람이 많을 거예요. 人が多いようです。

② 영화가 재미있을 거예요. 映画が面白いと思います。

③ 내일은 추울 거예요. 明日は寒いでしょう。

④ 시장에서 팔 거예요. 市場で売っていると思います。

練習6

① A：뭐 볼까요? 何を見ましょうか。

B：액션 영화 보고 싶어요.

アクション映画を見たいです。

② A：어디 앉을까요? どこに座りましょうか。

B：테라스석에 앉고 싶어요.

テラス席に座りたいです。

③ A：뭐 들을까요? 何を聞きましょうか。

B：댄스음악을 듣고 싶어요.

ダンスミュージックを聞きたいです。

④ A：뭐 만들까요? 何を作りましょうか。

B：찌개를 만들고 싶어요. チゲを作りたいです。

練習7

① A：지금 바쁘지요? 今忙しいでしょう?

B：네. 조금 바쁘네요. はい。少し忙しいですね。

② A：이 드라마 재미없지요? このドラマ面白いでしょう?

B：네. 재미없네요. はい。面白いですね。

③ A：내일부터 세일이지요? 明日からセールでしょう?

B：네. 세일이네요. はい。セールですね。

④ A：아이들이 귀엽지요?

子どもたちがかわいいでしょう?

B：네. 귀엽네요. はい。かわいいですね。

第13課

ポイントレッスン 1

練習1

① 웃었어요. 笑いました。

② 씻었어요. 洗いました。

③ 잊어버렸어요. 忘れました。

④ 싫어했어요. 嫌いでした。

練習2

① 늦게 일어났어요. 遅く起きました。

② 전철역까지 뛰어갔어요.

電車の駅まで走って行きました。

③ 계단에서 넘어졌어요. 階段で転びました。

④ 아파서 울었어요. 痛くて泣きました。

練習3

① 작년 여름에 친구들과 한국여행을 (했어요). 서울에서 3박 4일 (묵었어요).

昨年の夏に友だちと韓国旅行をしました。ソウルで3泊4日泊まりました。

② 날씨가 정말 (좋았어요). 경복궁도 (구경했어요). 한복도 (입었어요).

天気がとてもよかったです。景福宮も見物しました。韓服も着ました。

③ 사진도 많이 (찍었어요). 가족 선물로 카카오숍에서 캐릭터인형을 (샀어요).

写真もたくさん撮りました。家族へのお土産もカカオショップでキャラクター人形を買いました。

④ 겨울에 또 오고 싶어요. 그때는 부산에 가고 싶어요.

冬にまた来たいです。その時は釜山に行きたいです。

やってみよう

例〈子供の時〉

① 과자를 잘 먹었어요. お菓子をよく食べました。

② 친구하고 놀았어요. 友だちと遊びました。

③ 공원에 잘 갔어요. 公園によく行きました。

〈昨日〉

① 7(일곱)시간 잤어요. 7時間寝ました。

② 우유를 마셨어요. 牛乳を飲みました。

③ 옷을 샀어요. 服を買いました。

ポイントレッスン 2

練習1

① 보세요. 見てください。

② 읽으세요. 読んでください。

③ 일어나세요. 起きてください。

④ 도와주세요. 手伝ってください。

⑤ 들으세요. 聞いてください。

⑥ 주우세요. 拾ってください。

⑦ 만드세요. 作ってください。

⑧ 파세요. 売ってください。

練習2

① 교실에서 조용히 하세요.

教室で静かにしてください。

② 여기에 앉으세요. ここにお座りください。

③ 많이 걸으세요. たくさん歩いてください。

④ 창문을 여세요. 窓を開けてください。

聞いて答えてみよう

〈スクリプト〉

어제는 선배를 (만났어요).

선배하고 롯데월드에 (갔다 왔어요).

제트코스타를 (탔어요).

저녁에는 명동에 갔어요.

명동에서 즉석떡볶이를 (먹었어요).

오늘은 정말 (즐거웠어요).

昨日は先輩に会いました。

先輩とロッテワールドに行ってきました。

ジェットコースターに乗りました。

夕方は明洞に行きました。

明洞で即席トッポキを食べました。

今日は本当に楽しかったです。

練習1

① 롯데월드에 갔다 왔어요.　② 명동에 갔어요.

③ 즉석떡볶이를 먹었어요.

練習2

① 만났어요　② 갔다 왔어요　③ 탔어요

⑤ 먹었어요　⑥ 즐거웠어요

書いてみよう

① 어제는 친구하고 만났어요.

② 백화점에 갔다 왔어요.

③ 같이 한국요리를 먹었어요. 맛있었어요.

④ 밤에는 영화를 봤어요.

⑤ 오늘은 정말 즐거웠어요.

第14課

ポイントレッスン 1

練習1

① 한국 소설을 읽을 수 있어요./한국 소설을 읽을 수 없어요.

韓国の小説を読むことができます/できません。

② 차를 운전할 수 있어요./차를 운전할 수 없어요.

車を運転することができます/できません。

③ 산낙지를 먹을 수 있어요./산낙지를 먹을 수 없어요.

活タコを食べることができます/できません。

④ 금방 울 수 있어요./금방 울 수 없어요.

今すぐ泣くことができます/できません。

練習2

① 숟가락을 잡을 수 있어요.

スプーンをつかむことができます。

② 볼을 던질 수 있어요.

ボールを投げることができます。

③ 혼자 먹을 수 있어요.

一人で食べることができます。

④ 술을 마실 수 없어요.

お酒を飲むことができません。

⑤ 담배를 피울 수 없어요.

タバコを吸うことができません。

練習3

① 물구나무설 수 있어요?

逆立ちすることができますか。

네. 물구나무설 수 있어요./아니요. 물구나무설 수 없어요.

② 많이 먹을 수 있어요?

たくさん食べることができますか。

네. 많이 먹을 수 있어요./아니요. 많이 먹을 수 없어요.

③ 스키를 탈 수 있어요?

スキーをすることができますか。

네. 스키를 탈 수 있어요./아니요. 스키를 탈 수 없어요.

ポイントレッスン 2

練習1

① 듣지만 聞くけれど

② 공부하지만 勉強するけれど

③ 먹었지만 食べたけれど

④ 예쁘지만 きれいだけれど

⑤ 맵지만 辛いけれど

⑥ 좋았지만 よかったけれど

練習2

① 치킨은 맛있지만 살쪄요.

チキンはおいしいけれど太ります。

② 여행은 신나지만 금방 끝나요.

旅行は楽しいけれどすぐに終わります。

③ 호텔방은 넓지만 추워요.

ホテルの部屋は広いけれど寒いです。

④ 일은 적지만 힘들어요.

仕事は少ないけれど大変です。

⑤ 아침 먹었지만 배고파요.

朝ご飯食べましたが空腹です。

練習3

① 해외 여행은 어때요? 海外旅行はどうですか。

：비싸지만 즐거워요. 高いけれど楽しいです。

② 한국 요리는 어때요? 韓国料理はどですか。

：맵지만 맛있어요. 辛いけれどおいしいです。

③ 한국어 공부는 어때요? 韓国語の勉強はどうですか。

：어렵지만 좋아해요. 難しいけれど好きです。

④ 한국 드라마는 어때요? 韓国ドラマはどうですか。

：내용이 복잡하지만 재미있어요.

内容が複雑だけれど面白いです。

プラスでお得

練習

① 맛이 좋고 가격도 싸요. 味もよくて値段も安いです。

② 사람이 적고 조용해요. 人が少なくて静かです。

やってみよう（解答例）

① 운전할 수 있어요./운전할 수 없어요.

② 춤 출 수 있어요./춤 출 수 없어요.

③ 한국어로 노래 부를 수 있어요./한국어로 노래 부를 수 없어요.

④ 김치를 만들 수 있어요./김치를 만들 수 없어요.

聞いて答えてみよう

〈スクリプト〉

친구가 다음 주에 일본에 (갈 거예요).

그 친구는 아이돌 (팬미팅)에 가요.

저도 같이 (가고) (싶지만) 갈 수 없어요.

저는 다음 주부터 (시험)이에요.

내일부터 도서관에서 (공부할 거예요).

저는 (다음) (콘서트)에 갈 거예요.

友達が来週、日本に行く予定です。

友達はアイドルファンミに行きます。

私も一緒に行きたいけど行けません。

私は来週から試験です。

明日から図書館で勉強します。

私は次のコンサートに行くつもりです。

練習1

① 다음 주에 갈 거예요.　② 갈 수 없어요.

③ 도서관에서 공부할 거예요.

練習2

① 갈 거예요　② 팬미팅　③ 가고 싶지만

④ 시험　⑤ 공부할 거예요　⑥ 다음 콘서트

書いてみよう

① 누나는 다음 주에 한국에 갈 예정이에요.

② 부산에 가요.

③ 저도 같이 가고 싶지만 갈 수 없어요.

④ 저는 내일부터 회사에 출근해요.

⑤ 저도 언젠가 제주도에 가고 싶어요.

まとめの練習問題 4

練習1

① 도서관에서는 (조용히 하세요).

図書館では静かにしてください。

② 조금 더워요. 창문을 (여세요).

少し暑いです。窓を開けてください。

③ 한국 소설을 (읽을 수 있어요).

韓国の小説を読むことができます。

④ 한국어 공부는 (어렵지만) 재미있어요.

韓国語の勉強は難しいけれど楽しいです。

⑤ 계단에서 (뛰지 마세요).

階段では走らないでください。

⑥ 산낙지는 (싫어하지만) 낙지볶음은 좋아해요.

活タコは嫌いだけれどタコ炒めは好きです。

⑦ 서울에서 남대문시장을 (구경하세요).

ソウルでは南大門市場を見物してください。

練習2

오다	오세요	올 수 있어요	오지만
읽다	읽으세요	읽을 수 있어요	읽지만
돕다	도우세요	도울 수 있어요	돕지만
듣다	들으세요	들을 수 있어요	듣지만
만들다	만드세요	만들 수 있어요	만들지만

練習3

① 아침에 토스트를 먹었어요.

朝トーストを食べました。

② 어제 한국에서 돌아왔어요.

昨日韓国から戻りました。

③ 아까 뉴스를 봤어요.

さっきニュースを見ました。

④ 맥주를 많이 마셨어요.

ビールをたくさん飲みました。

練習4

① 의자에 앉으세요. 椅子にお座りください。

② 사진을 찍으세요. 写真を撮ってください。

③ 갔다 오세요. 行ってらっしゃい。

④ 여기에 놓으세요. ここに置いてください。

練習5

① 순대를 먹을 수 있어요./순대를 먹을 수 없어요.

スンデを食べることができます/できません。

② 피아노를 칠 수 있어요./피아노를 칠 수 없어요.

ピアノを弾くことができます/できません。

③ 잡채를 만들 수 있어요./잡채를 만들 수 없어요.

チャプチェを作ることができます/できません。

④ 혼자 여행 갈 수 있어요./혼자 여행 갈 수 없어요.

一人で旅行に行くことができます/できません。

練習6

① A：뜨개질을 할 수 있어요? 編み物ができますか。

B：네. 할 수 있어요./아니요. 할 수 없어요.

② A：강아지가 사람 말을 알아들을 수 있어요?

子犬が人の言葉がわかりますか。

B：네. 알아들을 수 있어요./아니요. 알아들을 수 없어요.

③ A：주말에 놀 수 있어요? 週末遊べますか。

B：네. 놀 수 있어요./아니요. 놀 수 없어요.

④ A：모임에 갈 수 있어요?

集まりに行くことができますか。

B：네. 갈 수 있어요./아니요. 갈 수 없어요.

練習7

① 즐겁지만 어려워요. 楽しいけれど難しいです。

② 맛있지만 비싸요. おいしいけれど高いです。

③ 무섭지만 재미있어요. 怖いけれど面白いです。

④ 마음에 들지만 안 사요.

気に入りましたが買いません。

練習8

① A：책 내용이 어때요? 本の内容はどうですか。

B：어렵지만 재미있어요. 難しいけれど面白いです。

② A：음식 맛이 어때요? 食べ物の味はどうですか。

B：싱겁지만 맛있어요. 薄味ですがおいしいです。

③ A：여행이 어땠어요? 旅行はどうでしたか。

B：힘들었지만 즐거웠어요.

疲れましたが楽しかったです。

④ A：서울은 어땠어요? ソウルはどうでしたか。

B：복잡했지만 구경을 많이 했어요.

混雑していましたが見物をたくさんしました。

単語リスト

本書で使われている単語や語句に加えて、初級段階で知っておくと便利な基本的な語彙も補いました。
[　]には発音どおりのハングルを、(←　)には基本形を、(～変)には変則活用を示してあります。

ㄱ

가/이	が(助詞)
가게	店
가격	価格
가고 싶지만[십찌만] (←가다)	行きたいけれど
가구	家具
가깝다[가깝따] (ㅂ変則)	近い
가끔	時々
가다	行く
가르치다	教える
가방	カバン
가볍다[가볍따] (ㅂ変則)	軽い
가수	歌手
가요?(←가다)	行きますか?
가위	はさみ
가위바위보	ジャンケンポン
가을	秋
가져가다	持って行く
가족	家族
가짜	偽者
간식	間食
간장게장	カンジャンケジャン
간호사[가노사]	看護師
갈 수 없어요[갈쑤업써요] (←가다)	行けません
갈 수 있어요?[갈쑤이써요] (←가다)	行けますか?
갈게요[갈께요](←가다)	行きます
갈비	カルビ
감기약	風邪薬
갑니다[감니다](←가다)	行きます
값[갑]	値段
갔다 오다[갇따오다]	行ってくる
갔다 올게요[갇따올께요] (←갔다 오다)	行ってきます
강	川
강아지	子犬
같이[가치]	一緒に
개	個
개	犬
개찰구	改札口
거기	そこ
거울	鏡
거짓말[거진말]	うそ
건강하다	健康だ
걷기 모임[걷끼--]	ウォーキング同好会
걷다[걷따] (ㄷ変則)	歩く
게	ものが
게임	ゲーム
게임기	ゲーム機
겨울	冬
결혼하다[겨로나다]	結婚する
경복궁[경복꿍]	景福宮
계단	階段
고 싶다[-십따]	したい
고구마	サツマイモ
고기	肉
고양이	猫
고추	唐辛子
공	ボール
공개방송	公開放送
공무원	公務員
공부하다	勉強する
공연	公演
공연장	公演会場、会場
공원	公園
공포영화	ホラー映画
공항	空港
공휴일	祝日

과	と
과일	果物
과자	お菓子
과제	課題
관람[괄람]	観覧
관심	関心、興味
관엽식물 재배[과녑싱물]	観葉植物栽培
괜찮다[괜찬타]	大丈夫だ
교과서	教科書
교보문고	教保文庫：韓国を体表する大型書店
교사	教師
교실	教室
교통카드	交通カード
구경하다	見物する
구두	靴
국	スープ
국그릇[국끄륻]	汁椀
국립[궁닙]	国立
굽다[굽따] (ㅂ変則)	焼く
권	冊
귀	耳
귀여워! (←귀엽다)	かわいい！
귀엽다[귀엽따] (ㅂ変則)	かわいい
그	その
그것[그걷]	それ
그것은[그거슨]	それは
그것이[그거시]	それが
그날	その日
그래요?	そうですか？
그런데	ところで
그럼	じゃあ
그렇죠?[그러쵸]	そうですよね？ そうでしょう？
그릇[그륻]	膳、わん
근데	でも
근처	近所
금방	今すぐ
기다리다	待つ
기대되다	楽しみだ（期待される）
기분	気分
기쁘다 (으変則)	うれしい
기자	記者
기타	ギター
길다	長い
김밥[김빱/김밥]	キムパ
김치	キムチ
까지	まで（助詞）
꼬리	しっぽ
꼭	必ず、ぜひ
꽃[꼳]	花
꿈	夢
끊다[끈타]	切る、やめる
끝나다[끈나다]	終る
끝나요[끈나요](←끝나다)	終ります

ㄴ

나	私
나/이나	や、か（助詞）
나무	木
나비	蝶
나쁘다(으変則)	悪い
나오다	出てくる
나오세요(←나오다)	出てください、出てきてください
나이	年齢
낙지볶음[낙찌보끔]	タコ炒め
낚시[낙씨]	釣り
날씨	天気
남동생	弟
남자 친구	彼氏
낫토[낟토]	納豆
낮[낟]	昼間、昼
내려가다	降りる、下る
내용	内容
내일	明日
냄비	鍋
냉면	冷麺
냉장고	冷蔵庫
넋[넉]	魂
넓다[널따]	広い
넘어지다[너머지다]	転ぶ

넣다[너타]	入れる
네	はい
네 시 (4시)	4時
네일리스트	ネイリスト
노래	歌
노래방	カラオケ
노트북	ノートパソコン
놀다	遊ぶ
놓다[노타]	置く
뇌	脳
누가	だれが
누구	誰
누나	姉（男性から）
눈	目
눈	雪
느리다	遅い
는/은	は（助詞）
늦게[늗께]	遅く
늦게까지[늗께--]	遅くまで
늦었네요[느전네요]	遅いですね

ㄷ

다	全部
다꾸(다이어리 꾸미기)	手帳飾り
다녀 오다	行ってくる
다녀 오세요(←다녀 오다)	行ってらっしゃい
다니다	通う
다도	茶道
다르다	異なる
다른	他の
다양하다	多様だ、いろいろある
다음	次の
다음 달[딸]	来月
다음 주[쭈]	来週
단어[다너]	単語
닫다[닫따]	閉める
달	月
달다	甘い
닭[닥]	ニワトリ
담배	タバコ
대통령[대통녕]	大統領
댄스	ダンス
댄스음악[--으막]	ダンス音楽
던지다	投げる
덥겠다[덥껟따]（←덥다）	暑いだろう（推量）
덥다[덥따]（ㅂ変則）	暑い
데이트하다	デートする
도	も（助詞）
도	度
도서관	図書館
도와주다	手伝ってあげる、くれる
도와주세요(←도와주다)	手伝ってください
독서 모임[독써--]	読書会
돈	お金
돈가스	とんかつ
돈을 찾다[도늘찯따]	お金をおろす
돕다（ㅂ変則）	手伝う
동생	妹、弟
동아리	サークル、同好会
동아리 모임	サークルの集まり
돼지	豚
되다	なる
두 장 (2장)	2枚
뒤	後ろ
듣다[듣따]（ㄷ変則）	聞く
들	たち、ら（複数を表す助詞）
들리다	聞こえる
들어가다[드러가다]	入る
등등	等々
등산	登山
따로	別々に
딸기	いちご
떡	お餅
떡볶이[떡뽀끼]	トッポッキ
또	また、もっと
뛰다	走る、ジョギングする
뛰어가다	走る、走っていく
뜨개질	編み物

ㄹ

라고 하다	と言う
라디오	ラジオ

라면	ラーメン
라인	LINE
랑/이랑	と（助詞）
레몬	レモン
로/으로	へ（助詞）
로/으로	（手段・方法）で（助詞）
를/을	を（助詞）
를/을 만나다	に会う
를/을 타다	に乗る
리포트	レポート
립스틱	リップスティック、口紅

ㅁ

마당	庭
마라톤	マラソン
마리	匹
마스크	マスク
마시다	飲む
마음에 들다[마으메--]	気に入る
마음에 안 들다[마으메---]	気に入らない
막걸리[막껄리]	マッコリ
막내[망내]	末っ子
막차	終電
만나다	会う
만나서 반가워요	お会いできてうれしいです
만나요(←만나다)	会いましょう
만들다	作る
만지다	触る
만화[마놔]	漫画
만화가[마놔가]	漫画家
많겠다[만켇따](←많다)	多いだろう（推量）
많다[만타]	多い
많아요[마나요](←많다)	多いです
많이[마니]	たくさん
맏이[마지]	長男、長女
말	馬
맛없다[마덥따]	おいしくない
맛있겠다[마싣껟따] (←맛있다)	美味しそう
맛있다[마싣따]	おいしい
맛있어요[마시써요] (←맛있다)	おいしいです
맛집[맏찝]	美味しい店、グルメ店
맛집투어[맏찝--]	グルメツアー
맞다[맏따]	会っている、そのとおりだ
맞아요[마자요](←맞다)	合っています
매워요(←맵다)	辛いです
매일	毎日
맥주[맥쭈]	ビール
맵다[맵따](ㅂ変則)	辛い
머리	頭
먹다[먹따]	食べる
먹어요[머거요](←먹다)	食べましょう
멀다	遠い
멀미약	酔い止め薬
멋있다[머싣따]	かっこいい
메뉴	メニュー
메일하다[메이라다]	メールする
며칠	何日
면세점	免税店
명	名
명동	明洞（地名）
명상 모임	瞑想同好会
명함	名刺
몇[멷]	いくつ
몇 시[멷씨]	何時
몇 시간[멷씨간]	何時間
몇 월[며뒬]	何月
모두	全部、全部で、皆
모르다（르変則）	知らない、わからない
모임	集まり
모자	帽子
목	首
목욕탕[모곡탕]	銭湯、浴室
목욕하다[모교카다]	お風呂に入る
못하다[모타다]	できない
못해요[모태요](←못하다)	できません
무겁다[무겁따]（ㅂ変則）	重い
무릎[무릅]	ひざ
무섭다[무섭따]（ㅂ変則）	怖い
무슨	何の
무슨 요일[무슨뇨일]	何曜日

무슨 일[무슨닐]	何事
무엇(뭐)[무얻]	なに
무엇을(뭘, 뭐)[무어슬]	何を
묵다[묵따]	泊まる
문구	文具
문화[무놔]	文化
묻다[묻따]（ㄷ変則）	尋ねる
물	水
물구나무서다	逆立ちする
물어보다[무러--]	聞いてみる
물컵	コップ
뭐	何
뭐?	何？
뭐가	何が
뮤지컬	ミュージカル
뮤지컬 감상	ミュージカル鑑賞
미술관	美術館
미역국[미역꾹]	わかめスープ
미용사	美容師
밑[믿]	下

ㅂ

바꾸다	取り替える
바쁘다（으変則）	忙しい
바위	岩
바지	ズボン
밖[박]	外
반	クラス
반	半、半分
반갑다[반갑따]（ㅂ変則）	お会いできてうれしい
반응[바능]	反応
받다[받따]	もらう
발	足
발가락 양말[발까락--]	五本指靴下
발표회	発表会
밝다[박따]	明るい
밝아요[발가요](←밝다)	明るいです
밤	夜
밥	ごはん
밥그릇[밥끄릗]	茶碗
방	部屋

방석	座布団
방송국	テレビ局
밭[받]	畑
배	腹
배고프다（으変則）	空腹だ
배부르다（르変則）	満腹だ
배우	俳優
배우다	学ぶ
백화점[배콰점]	デパート
버스	バス
번역가[버녁까]	翻訳家
번호[버노]	番号
벗다[벋따]	脱ぐ
베개	まくら
벤치	ベンチ
벼룩시장[벼룩씨장]	フリーマーケット
별	星
별로	別に、あまり（〜ない）
보	ふろしき（보자기の縮約形）
보고서	報告書
보내다	送る
보다	より（助詞）
보다	見る
보러 가요	見に行きましょう
보육사[보육싸]	保育士
복사기[복싸기]	コピー機
복잡하다[복짜파다]	複雑だ、混雑している
볼	ボール
볼까요?(←보다)	見ましょうか？
볼펜	ボールペン
봄	春
봐요(←보다)	見ましょう
뵈다	お目にかかる
뵙다	お目にかかる
부모	両親
부산	釜山（地名）
부엌[부억]	台所
부자이다	お金持ちだ
부채	うちわ
부터	（時間）から
분	分

불	火
불고기	プルゴギ
비	雨
비누	石鹸
비밀	秘密
비빔국수[비빔국쑤]	ピビムククス（混ぜ素麺）
비빔밥[비빔빱]	ピビンパ
비싸다	（値段が）高い
빗[빋]	くし
빠르다(르変則)	早い
빨래	洗濯物
빵	パン

ㅅ

사과	りんご
사다	買う
사람	人
사람(의) 말	人の言葉
사랑하다	愛する
사이좋게[사이조케]	仲良く
사진	写真
삯[삭]	賃金
산	山
산낙지[산낙찌]	活タコ
산책하다[산채카다]	散歩する
살	歳
살게요[살께요](←사다)	おごります
살다	住む、暮らす、生きる
살찌다	太る
삼 호선[사모선]	三号線（ソウルの地下鉄路線名）
새벽	明け方
새소리	鳥の声
샐러드	サラダ
생선	魚
생일	誕生日
생일 선물	誕生日プレゼント
샤워	シャワー
샤워하다	シャワーする
샴푸	シャンプー
서/이서	（～人）で（助詞）
서다	立つ
서울	ソウル
서울 타워	ソウルタワー
선물	プレゼント
선물하다[선무라다]	プレゼントする
선배	先輩
선생님	先生
선크림	日焼け止め
설거지	後片付け
세 시 (3시)	3時
세다	数える
세수	洗顔
세수하다	顔を洗う、洗顔する
세일	セール
세일이다[세이리다]	セールだ
셔츠	シャツ
소개할게요[---께요] (←소개하다)	紹介します
소나기	にわか雨
소리	声、音
소설	小説
소파	ソファー
손	手
손을 씻다[소늘씯따]	手を洗う
솔직히[솔찌키]	正直
쇼핑	ショッピング
쇼핑몰	ショッピングモール
쇼핑하다	買い物する
쇼핑해요(←쇼핑하다)	買い物（ショッピング）しましょう
수다를 떨다	おしゃべりする
수박	スイカ
수업	授業
수영	水泳
수영복	水着
숙제[숙쩨]	宿題
숙제하다[숙쩨--]	宿題する
순대	スンデ（豚の腸詰め）
숟가락[숟까락]	スプーン
술	お酒
쉬다	休む

쉽다[쉽따] (ㅂ変則)	やさしい、簡単だ
슈퍼	スーパー (슈퍼마켓の略称)
스키	スキー
스타벅스	スターバックス
스터디	勉強会
스포츠	スポーツ
스프	スープ
습기[습끼]	湿気
시간	時間
시계[시게]	時計
시그니처	シグネチャー
시끄럽다[시끄럽따] (ㅂ変則)	うるさい
시다	酸っぱい
시부야	渋谷
시장	市場
시청역[시청녁]	市庁駅
시험	試験
식당[식땅]	食堂
식사하다[식싸--]	食事する
신나다	楽しい
신다[신따]	履く
싣다[싣따] (ㄷ変則)	載せる
실내[실래]	室内
싫어하다[시러하다]	嫌いだ
심리[심니]	心理
싱겁다[싱겁따] (ㅂ変則)	味が薄い
싸다	安い
싸요(←싸다)	安いです
싸우다	喧嘩する
쓰다 (으変則)	書く・苦い
쓰레기	ゴミ
쓰레기봉투	ゴミ袋
씨	～さん、～氏、
씩	～ずつ (接尾辞)
씻다[씯따]	洗う

ㅇ

아!	あ!
아가씨	お嬢さん
아까	さっき
아나운서	アナウンサー
아니요	いいえ
아래	下
아르바이트하다	アルバイトする
아리랑	アリラン
아버지	お父さん
아빠	お父さん、パパ
아쉽네요[아쉼네요] (←아쉽다)	残念ですね
아야	痛い
아이	子供
아이돌	アイドル
아이디(ID)	SNSなどのID
아직	まだ
아침	朝、朝ごはん
아파서(←아프다)	痛くて
아프다 (으変則)	痛い、具合が悪い
안	中
안~	～しない、～ない
안녕하세요	こんにちは
안전하다[안저나다]	安全だ
안주	つまみ
앉다[안따]	座る
앉아요[안자요](←앉다)	座ります
알다	わかる、知る
알아듣다[아라듣따]	理解する
알아보다[아라보다]	調べる
알약[알략]	錠剤
앎[암]	知識
앞[압]	前
앞에서[아페서]	前で
앞으로[아프로]	これから
애인	恋人
액션 영화[액썬--]	アクション映画
야구	野球
야구 선수	野球選手
야구하다	野球する
야채	野菜
약	薬
약국[약꾹]	薬局
약사[약싸]	薬剤師

약속[약쏙]	約束
양념치킨	味付けチキン
양말	靴下
어깨	肩
어느	どの
어둡다[어둡따]（ㅂ変則）	暗い
어디	どこ
어디(에)서	どこで
어때요?	どうですか？
어떤	どのようにして
어떻게[어떠케]	どのように
어렵다[어렵따]（ㅂ変則）	難しい
어머니	母、母親、お母さん
어묵	おでん
어제	昨日
어째서	どうして
어학	語学
언니	姉（女性から）
언제	いつ
언제나	いつも
언젠가	いつか
얼굴	顔
얼마	いくら
얼마나	どのくらい
얼마예요?	いくらですか？
엄마	お母さん、ママ （親しみを込めた名称）
엄청	とても
없다[업따]	ない、いない
없어요[업써요](←없다)	ありません、いません
에	（時間・場所）に（助詞）
에게	に（助詞）
에게	（人）に（助詞）
에게서	（人）から（助詞）
에서	（場所）から（助詞）
에스엔에스	SNS
여권[여꿘]	パスポート
여기	ここ
여기요	こちらにどうぞ、 すみません（人を呼ぶとき）
여덟[여덜]	8つ

여동생	妹
여름	夏
여우	キツネ
여유	余裕
여자 친구	彼女
여행	旅行
역	駅
연기	演技
연락 주세요[열락쭈세요]	連絡ください
연락[열락]	連絡
열다	開ける
영수증	レシート
영어	英語
영하	零下
영화	映画
영화관	映画館
옆[엽]	横
예방 주사	予防注射
예뻐요(←예쁘다)	きれいです、かわいいです
예쁘다(으変則)	きれいだ、かわいい
예술의 전당[예수레--]	芸術の殿堂（劇場の名称）
예약하다[예야카다]	予約する
예외	例外
예요	です
옛날[옌날]	昔
오겠다[오겓따](←오다)	来るだろう、 降るだろう（推量）
오늘	今日
오다	来る
오른쪽	右
오므라이스	オムライス
오빠	兄（女性から見て）
오이	きゅうり
오전	午前
오후	午後
온천	温泉
온천하다[온처나다]	温泉に入る
올라가다	登る、上がる
옷[옫]	洋服、服
와	と（助詞）
와!	わぁ〜

와? (←오다)	来る?
와요(←오다)	来ます
와이파이	wifi
왜	なぜ、どうして
왜?	なぜ?
왜요?	なぜですか?
외가	母の実家
외우다	覚える
왼쪽	左
요가	ヨガ
요리 교실	料理教室
요리 대회	料理大会
요리사	調理師
요리하다	料理する
요요	ヨーヨー
우리	私たち
우산	傘
우아	優雅
우유	牛乳
우주	宇宙
운동하다	運動する
울다	泣く
웃다[욷따]	笑う
웨이터	ウェイター
웬일[웬닐]	どうしたこと、何ごと
웹툰작가[--작까]	ウェブトゥーン作家
위	上
위험하다[위허마다]	危険だ
유람선	遊覧船
유명하다	有名だ
유아	乳幼児
유튜버	ユーチューバー
유학 가다[유학까다]	留学する
은행[으냉]	銀行
은행원[으냉원]	銀行員
음료수[음뇨수]	飲み物
음식	食べ物、料理
음악[으막]	音楽
응원부채	応援用のうちわ
의	~の(助詞)
의자	椅子
이	歯
이	この
이거	これ(이것の縮約形)
이것[이걷]	これ
이것은[이거슨]	これは
이것이[이거시]	これが
이기다	勝つ
이다	~だ、~である
이라고 합니다[함니다]	と申します
이랑	と(助詞)
이름	名前
이마트	e-Mart(商業施設の名称)
이세요(?)(←이다)	でいらっしゃいますか?
이야기 하다	話する
이에요(←이다)	です
이유	理由
이태원	梨泰院(地名)
인기[인끼]	人気
인터넷[인터넫]	インターネット
인터넷하다[인터네타다]	インターネットする
일	仕事
일 년[일련]	一年
일본	日本
일본 사람	日本人
일어나다[이러나다]	起きる
일요일[이료일]	日曜日
일주일[일쭈일]	一週間
일찍	早く
일하다[이라다]	仕事する
읽다[익따]	読む
입	口
입니다[임니다](←이다)	です
입다[입따]	着る
입학[이팍]	入学
있다	いる、ある
있네요[인네요](←있다)	いますね、ありますね
있습니까?[읻씀니까] (←있다)	いますか?、ありますか?
있어요(?)[이써요](←있다)	いますか?、あります(か?)
잊어버리다[이저---]	忘れる
잎[입]	葉

ㅈ

자다	寝る
자리	席
자전거	自転車
자켓[자켇]	ジャケット
작년[장년]	昨年
작다[작따]	小さい
잔	杯
잘	よく、上手に
잘 부탁드리다[부탁뜨리다]	よろしくお願いする
잘 추다	（踊りが）上手だ
잘하다[자라다]	上手だ
잘해요[자래요](←잘하다)	上手です
잠깐만	ちょっと待って
잡다[잡따]	握る、つかむ
잡지[잡찌]	雑誌
장	枚
재미없다[재미업따]	面白くない
재미있다[재미읻따]	面白い
재작년[재장년]	一昨年
저	あのう… （人に話しかけるとき）
저	私
저것[저걷]	あれ
저것은[저거슨]	あれは
저것이[저거시]	あれが
저기	あのう… （人に話しかけるとき）
저기	あそこ
저기요	すみません（人を呼ぶとき）
저녁	晩（夕方）、夕飯
저녁밥[저녁빱]	夕食、夕飯
저는	私は
적다[적따]	少ない
전부	全部（で）、すべて
전철	電車
전철역[전철력]	電車駅
전화[저놔]	電話
점심	昼、昼ご飯
젓가락[젇까락]	箸
정말	本当に

정말요?[정말료/정마료]	本当ですか？
제	私の（←저의）
제육볶음[제육뽀끔]	ピリ辛の豚肉炒め
제주도	済州島
조용하다	静かだ
조용히 하다	静かにする
좀	少し
좁다[좁따]	狭い
좋겠다[조켇따](←좋다)	いいな
좋다[조타]	いい
좋아요(?)[조아요](←좋다)	いいです。いいですか？
좋아하는[조아하는] (←좋아하다)	好きな
좋아하다[좋아하다]	好きだ
좋아해요[좋아해요] (←좋아하다)	好きです
좋지요[조치요](←좋다)	いいですね
주다	あげる
주말	週末
주세요(←주다)	ください
주소	住所
주스	ジュース
주인공	主人公
준비하다	準備する
줍다[줍따]	拾う
중학생	中学生
쥐	ネズミ
즉석떡볶이[즉썩떡뽀끼]	即席トッポキ
즐겁다[즐겁따]（ㅂ変則）	楽しい
지갑	財布
지금	今
지난 주말	先週の週末
지난달	先月
지난주	先週
지우개	消しゴム
지하	地下
직업[지겁]	職業
진짜	本物
진짜요?	本当ですか？
집	家
짜다	しょっぱい

짜요(←짜다)	しょっぱいです
짧다[짤따]	短い
찌개	チゲ
찍다[찍따]	撮る

ㅊ

차	茶
차	車
창문	窓
찾다	探す、(お金を) おろす
찾아보다[차자--](←찾다)	調べる、探してみる
찾을 거예요[차즐꺼--] (←찾다)	探します
책	本
책상[책쌍]	机
처음	初めて
청소하다	掃除する
초등학생[초등학쌩]	小学生
초밥	寿司
초코	チョコ
최고	最高
최고 기온	最高気温
추천메뉴	おすすめメニュー
축구 선수[축꾸--]	サッカー選手
축하[추카]	祝賀
출근하다[출그나다]	出勤する
춤	踊り
춤추다	踊る
춥다[춥따] (ㅂ変則)	寒い
취미	趣味
치마	スカート
치우다	片付ける
치즈	チーズ
치즈 닭갈비	チーズタッカルビ
치킨	チキン
친구	友達
친구집	友達の家
친절하다[친저라다]	親切だ
침대	ベッド

ㅋ

카드	カード
카메라	カメラ
카카오숍	カカオショップ
카카오톡	カカオトーク
카페	カフェ
캐릭터 인형[---이녕]	キャラクター人形
캘리그라피	カリグラフィー
캠핑하다	キャンプする
커튼	カーテン
커피	コーヒー
컴퓨터	パソコン
케이크	ケーキ
케이팝	K-POP
켤레	足 (履物を数える語)
코	鼻
코끼리	ゾウ
코코아	ココア
콘서트	コンサート
콜라	コーラー
큐알(QR)코드	QRコード
크다 (으変則)	大きい
크리스마스	クリスマス

ㅌ

타다	乗る
타요(←타다)	乗ります
테니스	テニス
테라스석	テラス席
텐트	テント
텔레비전	テレビ
토끼	ウサギ
토마토	トマト
토스트	トースト
토요일	土曜日
토요일날[토요일랄]	土曜日
통역사[통역싸]	通訳
퇴근	退社
퇴근길[퇴근낄]	帰り道 (仕事からの帰り道、俳優の帰り道)
티켓[티켇]	チケット

ㅍ

파리	ハエ
파마하다	パーマをかける
파스타	パスタ
파우치	ポーチ
파티	パーティー
파티하다	パーティーする
팔다	売る
팔리다	売れる
팩	パック
팬	ファン
팬미팅	ファンミーティング
편리하다[펄리--]	便利だ
편의점[펴니점]	コンビニ
포장마차	屋台
풍선	風船
프로게이머	プロゲーマー
피곤하다[피고나다]	疲れる
피우다	吸う
피자	ピザ
필요하다[피료--]	必要だ
필요해요[피료--] (←필요하다)	必要です

ㅎ

하고	と（助詞）
하나	ひとつ
하이킹	ハイキング
학교[학꾜]	学校
학부모 모임[학뿌모--]	保護者会
학생[학쌩]	学生 ※大学生は대학생[대학쌩]
한 달	一か月
한 번	一回
한 시 (1시)	1時
한가하다	暇だ
한강	ハンガン、漢江（ソウルの中心部を流れる川）
한국 사람[--싸람]	韓国人
한국 소설[--쏘설]	韓国小説
한국 식당	韓国食堂
한국 영화[한궁녕화]	韓国映画　*[한궁녕와]と読む人もいる
한국 요리[한궁뇨리]	韓国料理
한국 친구	韓国友達
한국분[한국뿐]	韓国の方
한국어[한구거]	韓国語
한류[할류]	韓流
한복	韓服
한산하다	閑散としている、道がすいている
한테	（人）に（助詞）
한테서	（人）から（助詞）
함께	一緒に
해외	海外
해요(←하다)	します、しています、しましょう
해요?(←하다)	していますか？
핸드크림	ハンドクリーム
핸드폰	ケータイ、携帯電話
허리	腰
헬스클럽	スポーツジム
협력[혐녁]	協力
형	兄（男性から）
형제	兄弟
호캉스	ホカンス（ホテルでバカンス）
호텔방	ホテルの部屋
혼밥	一人ご飯
혼자(서)	1人で
홈트（←홈 트레이닝の略）	ホームトレーニング
홍차	紅茶
화장실	トイレ
화장하다	化粧する
회사	会社
회사원	会社員
회장	会場
후	後
흐르다（르変則）	流れる
흙[흑]	土
히읗[히읃]	子音字ㅎ
힘들다	つらい、大変だ

著者紹介
キム・スノク（金順玉）
コリ文語学堂代表（https://ac.koribun.com/）
武蔵大学、フェリス女学院大学、清泉女子大学非常勤講師。
NHKテレビ、ラジオで講師をつとめる。
著書『超初級から話せる 韓国語声出しレッスン』、『ゼロからはじめる韓国語書き込みレッスン』（アルク）、『実践に使える！韓国語［文法］トレーニング』（高橋書店）、『30短文で韓国語スピーキングレッスン』（HANA）、『チャレンジ！韓国語』シリーズ（共著、白水社）、『読む、書く、聞く、話す　4つの力がぐんぐん伸びる！韓国語 初級ドリル』、『読む、書く、聞く、話す　4つの力がぐんぐん伸びる！韓国語 中級ドリル』（共著、HANA）など多数。

スン・ヒョンジュ（承賢珠）
文化体育観光部発行韓国語教員3級取得。
東京工業大学、湘南工科大学、フェリス女学院大学、外務省語学研修所非常勤講師。
コリ文語学堂、チェッコリ翻訳スクール、HANA韓国語教室講師。
著書：『韓国語きほん単語集』（共著、新星出版社）、『Chat Diary ハングルで3行日記』（共著、アルク）、『読む、書く、聞く、話す 4つの力がぐんぐん伸びる！韓国語初級ドリル』（共著、HANA）
訳書：『「日本の衣食住」まるごと事典』（IBCパブリッシング）など

基本が身につく　みんなの韓国語　初級

2024年 5 月 10 日　印刷
2024年 6 月 5 日　発行

著　者 © キム・スノク
　　　　　スン・ヒョンジュ
発行者　岩堀雅己
組　版　株式会社アイ・ビーンズ
印刷所　株式会社三秀舎

発行所　株式会社白水社
101-0052 東京都千代田区神田小川町 3 の 24
電話 03-3291-7811（営業部）, 7821（編集部）
www.hakusuisha.co.jp
乱丁・落丁本は送料小社負担にてお取り替えいたします.

振替 00190-5-33228　　誠製本株式会社

ISBN978-4-560-08992-7
Printed in Japan